राशन की दुकान

आशिष मल्होत्रा

मेरे माता-पिता, श्री ब्रिज भूषण मल्होत्रा को समर्पित और श्रीमती नीरजा को समर्पित ।

क्रम-सूची

प्रस्तावना

अगर हम इस छोटे से समाज पर ध्यान दें तो हम सब अपनी-अपनी किस्मत और काबलियत के साथ जी रहे हैं । कोई अगर बड़ा व्यापारी है तो कोई छोटा व्यापारी है । कोई सरकारी नौकरी कर रहा है तो कोई प्राइवेट नौकरी कर रहा है । कोई नौकरी ढूंढ रहा है । तो कोई अपना घर चलाने के लिए हर समय संघर्ष कर रहा है ।

ऐसे ही समाज में रहने वाले एक नामी परिवार का बेटा पांच साल नौकरी करने के बाद जब घर लौटता है तो उसको समाज और परिवार का सामना करना पड़ता है ।

ये कहानी जीवन में मनुष्य की किस्मत के उतार -चड़ाव की वजह से पैदा हुए घरेलु संघर्ष और अंदरूनी संघर्ष की कहानी है ।

उम्मीद है आपको ये दोहरा संघर्ष पसंद आएगा ।

भूमिका

ये कहानी मुंशी प्रेमचंद की कहानियों से प्रेरित हो कर किया गया लेखक का एक छोटा सा प्रयास है । ये एक ऐसे लड़के की कहानी है जो नौकरी छोड़ कर घर लौट आया है । जिसके कारण उसको अपने परिवार की नाराजगी सहनी पड़ी । उनका गुस्सा सहना पड़ा । उनसे तिरस्कार सहना पड़ा ।

अपने घर वालों की नाराजगी को दूर करने के लिए उसने जो संभव हो सकता था वो किया ।

पर समय से पहले और किस्मत से ज्यादा किसको मिला है ?

ये कहानी उस लड़के के इर्द-गिर्द घूमती है ।

उम्मीद है यह कहानी आपके दिल को छूएगी और आप तक उसकी संवेदना पहुंचाएगी ।

आमुख

नमस्ते, मेरा नाम नीरजांष है । मैं आज आपको अपने छोटे से समाज का हाल बताना चाहता हूँ । उम्मीद है की आप सब मेरे साथ कहानी के अंत तक बने रहेंगे ।

मैं एक व्यापारी का बेटा हूँ । इसीलिए व्यापार की थोड़ी-बहुत समझ रखता हूँ और अपना व्यापार संभालता भी हूँ । मैंने अपनी पढ़ाई दिल्ली से की है और नौकरी के दौरान आधे भारत में घूम चुका हूँ । मेरे ऊपर मेरे परिवार की ज़िम्मेदारी है । हमारे परिवार में मैं, मेरे माता-पिता और मेरी चाची और उनका बेटा यानि मेरा छोटा भाई - सिर्फ एक साल छोटा-भाई, एक साथ रहते हैं । हम एक साथ एक ही घर में खुशी-खुशी रहते है । मेरा भाई बैंक में एक अच्छी प्राइवेट नौकरी करता है । जो की कभी मैं भी करता था । उसकी ज़िन्दगी में अलग टेंशन हैं और मेरी में अलग । पर इन सब के बावजूद वो मेरा बहुत ख्याल रखता है । इतना की जितना मैं खुद का नहीं रखता ।

उसका नाम अंकुर है और मैं उसे प्यार से निकु बोलता हूँ ।

मैं और पिता जी दुकान सँभालते हैं । हमारी दुकान बहुत पुरानी है और मैं चौथी पीढ़ी हूँ जो इसे संभाल रहा हूँ । मैं खुद को सोभाग्यशाली समझता हूँ । मेरे परदादा जो की एक मशहूर हकीम थे उन्हों ने ये दुकान शुरू की थी लगभग आज से अस्सी साल पहले । फिर दादा ने भी हकीमी को आगे बड़ाया । और फिर पिता जी और चाचू ने मिल कर करियाना का काम शुरू किया । मेरे चाचू जो की अब नहीं रहे । उन्होंने इस नए काम को ऊपर ले जाने के लिए बहुत मेहनत की । उनके जाने के बाद पिता जी को दुकान संभालने में बहुत मुश्किलें आईं । हमारी दुकान मुख्य बाजार के बीचो-बीच है । और इसे मेरे दादा जी ने खरीद लिया था उनके गुजरने से पहले जो की पहले किराए पर थी । और इस तरह मेरे दादा जी ने हम सब को एक बड़ी दुकान का मालिक बना दिया ।

हमारी दुकान के आस-पास बहुत सारी दुकाने हैं, जैसे कपडा, सोनार, काज़्मेटिक, फल, सब्जी, मिठाई, जूता ।

हमारी दुकान के सामने मंदिर है । जो शायद उतना ही पुराना है जितनी हमारी दुकान । और साथ ही उसके पीछे एक गुरुद्वारा भी है । उस दोनों की वजह से बाजार का माहौल शांत बना रहता है । सुबह-सुबह बाजार खुलने से पहले जब भजन, शब्द, वातावरण में गूंजते हैं तो बाजार एक मंदिर की तरह ही लगता है । लोग भी अपने भगवान के दर्शन करने के लिए सामने मंदिर में भीड़ लगाए रहते हैं ।

भगवान को भी किसी दिन कम भक्त मिलते हैं तो किसी दिन ज्यादा । जैसे हम व्यापारियों को मिलते है, किसी दिन ज्यादा ग्राहक तो किसी दिन कम ग्राहक । सबके भगवान के दर्शन करने के अपने-अपने दिन हैं ।

बाजार भी सुबह के छह बजे से खुलना शुरू हो जाता हैं । कोई तो सबसे पहले खोलते हैं और सबसे देर में बढ़ाते हैं । कोई तो आराम से सूर्य के ऊपर आने के बाद खोलते हैं और शाम की आरती के बाद बढ़ा देते हैं ।

इनके इलावा इस बाजार में फेरी वाले, रिक्शे वाले, रद्दी बेचने वाले (कबाड़ी), वाले भी मिलते हैं ।

इनके इलावा दान-भिक्षा मांगने वाले अलग-अलग धर्म, संस्था, से जुड़े लोग भी मिलते हैं ।

इनके इलावा मजदूर भी मिलते हैं जो सुबह-सुबह पास में नहर के पुल के पास खड़े होकर काम की तलाश में छह- सात बजे से ही भीड़ लगा लेते हैं ।

हम सब एक- दूसरे को रोज ही मिलते हैं । एक-दूसरे को जानते पहचानते भी हैं । एक-दूसरे की मुश्किलों में मदद भी करते हैं ।

इन सब के इलावा वो बच्चे भी हैं जो दिन भर भीख मांगते हैं । ये सुबह बाजार खुलने के साथ से लेकर बाजार बंद होने तक भीख मांगते हैं । इन बच्चों को पढ़ाने की कोशिश भी की गई, पर कुछ ने इच्छा नहीं दिखाई और कुछ के माता-पिता उन्हें वहां से ले गए । इन बच्चों की उम्र चार-पांच साल से दस-बारह साल होती है । शायद इनके माता-पिता को यही एक आसान जीवन जीने का तरीका लगता है । वो सब नहर के किनारे झौंपड़ी बना कर रहते हैं । एक समुदाय की तरह । इनके घर गोबर या मिट्टी के होते है और साफ़-सफाई का बहुत ध्यान रखा जाता है

। मुझे इनकी बस्तियां अच्छी लगती हैं । बस्ती में एक मंदिर भी है जो इनको सामान्य से जोड़ता है ।

ये सारा बाजार ही अलग-अलग किस्मत का लेखा-जोखा है । कौन खुश है, कौन दुखी है, पता लगाना मुश्किल है । कौन किस दर्द से गुजर रहा है जानना मुश्किल है । सब के सब घरेलु और आर्थिक और अन्दरूनी संघर्ष से गुजर रहे हैं । आइए उसी में से एक परिवार की कहानी पड़ते हैं ।

1

एक आवाज

दो साल पहले, २०१७ (2017)

< हे ईश्वर, मेरे साथ ही ऐसा क्यों किया ? मैंने क्या नहीं किया ये नौकरी हासिल करने के लिए । इतनी परीक्षाएं दीं। इतनी बार फेल हुआ फिर भी हार नहीं मानी । बार-बार कोशिश करता रहा । और आज एक ही झटके में मैंने नौकरी छोड़ दी ! वो भी जिसके लिए इतने सालों से कोशिश कर रहा था । अब मैं करूँगा क्या ? मेरे माता-पिता को कैसे बताऊंगा और क्या बताऊंगा ?

> वही जो मैं तुझ से करवाऊंगा ।

< तुम मुझसे क्या करवाना चाहते हो ?

> वही जो तुम करना तो चाहता है पर कर नहीं रहे हो । समाज की मदद ।

< समाज की मदद !

> हाँ ।

> पर कैसे ?

< धैर्य रखो ।

< धैर्य रखूं ! पर कैसे ? मुझे कुछ समझ में नहीं आ रहा । एक तो मेरी नौकरी छुड़वा दी और कह रहे हो धैर्य रखो ? तुम मुझसे ये कैसे करवा सकते हो ? वो भी तब जब मेरे माता-पिता को मेरी सबसे ज्यादा जरूरत है ? तुम मेरी परीक्षा ले रहे हो या उनकी ? उन्होंने ने पहले ही इतनी

तकलीफें सहीं है मुझे यहाँ तक पहुचाने के लिए । मैंने उनसे वादा किया था की मैं सफल हो कर दिखाऊंगा । और अब ये मैंने क्या कर दिया ? तुमने मुझसे ये करवाया है । तुम्हे इसे ठीक करना होगा ।

> अपने मन को शांत करो । ध्यान में बैठो ।

क्या दिख रहा है तुम्हे ?

< सिर्फ द्वेष । बहुत सारे प्रश्न । बहुत सारी चिंताएं - भविष्य कैसा होगा ? कुछ स्पष्ट नहीं हो रहा । मैं और नहीं बैठ सकता । मुझसे ये नहीं होगा ।

> तुम्हें ये करना ही होगा । फिर से कोशिश करो ।

< मुझसे नहीं होगा । मैं और नहीं बैठूंगा । मुझे शांति चाहिए ।

> शांति के लिए तुम्हें कोशिश करनी होगी ।

< कैसी कोशिश ? क्यों मेरे पीछे पड़ गए हो?

संगीत । संगीत सुनना चाहिए मुझे । वहीँ मुझे शांति मिलेगी । बड़ा सुकून है यहाँ । अभी । इसी पल में । संगीत परम-आनंद है ।

पर अब मैं करूँ क्या ? कैसे ? क्या वो सही कह रहा है ? मुझे खुद को शांत करना चाहिए ?

पर कैसी शांति ? जो मैं अभी, इसी पल में महसूस कर रहा हूँ क्या ये वाली शांति ?

ये तो बस संगीत की वजह से ही है । ये तो संगीत के बंद होने के साथ ही चली जाएगी । फिर से वही प्रश्न गुजने लगें गे दिमाग में । क्यों ? कैसे ?

ये जो अब मैं महसूस कर रहा हूँ ये, इस अवस्था को कैसे हासिल करूँ ? इतना सुकून है इस अवस्था में । कैसे इसको स्थिर करूँ?

अस्थिरता ही सत्य है ।

क्या वो सही कह रहा है ? क्या मुझे उसकी बात माननी चाहिए ? क्या मुझे कोशिश करनी चाहिए ? समाज की मदद करनी चाहिए ? क्या वो सच बोल रहा है ? इतने लोग हैं फिर मैं ही क्यूँ ? उसने कहा था धैर्य रखो । धैर्य । कितना ? कब तक ?

दो साल बाद, २०१९ (2019)

< उठो नीरजांश, उठो ।

> क्या है चाची जी ?

< जाओ दूध लेकर आओ ।

> लेकिन सात बजने में अभी दस मिनट बाकि है ।

> आज बारिश होने वाली है । बहुत काला बदल छाया हुआ है ।
इसीलिए जल्दी उठो और पहले दूध लेकर आओ ।

< अच्छा, ठीक है ।

< ॥ ॥

< ॥ ॥

< मंजीत पाजी क्या हाल-चाल ? तीन लीटर दूध देना ।

> ठीक है परावा । आप बताओ । अभी देता हूँ ।

< और काम कैसा चल रहा है ?

> अच्छा है ?

< कितनी गायें पाली हैं ?

> वीर जी, पंद्रह गायें हैं ।

< काफी गायें हैं । बहुत ध्यान रखना पड़ता होगा ?

> हाँ, वीर जी । देख-रेख तो बहुत है ।

< सुबह कितने बजे दुकान खोल लेते हो ?

> छह बजे आता हूँ और आठ-साढ़े-आठ बजे चला जाता हूँ ।

< इतनी जल्दी ?

> हाँजी । एक सो दस लीटर दूध सुबह लाता हूँ और फिर शाम को भी इतना ही लाता हूँ । सारा दूध जब बिक जाता है तो चला जाता हूँ ।

< ये तो बहुत बढ़िया काम है । ये दुकान किराये पे लिया या खुद का है ?

> किराये पर ।

< कितना किराया ?

> पांच हजार रूपए महीना ।

< सही है । किराया भी ज्यादा नहीं है और दुकान भी अभी नई-नई बनी है । एक दम साफ-सुथरी ।

< हाँ, वो तो है ।

> चलो अभी चलता हूँ । घर पर सब राह देख रहे होंगे और फिर बारिश भी शुरू होने वाली है !

< ठीक है कल मिलते हैं ?

> हाँ, जरूर

< ॥ ॥

< || ||

< ये लो चाची जी दूध । ये तीन लीटर दूध कुछ ज्यादा नहीं है ? इतना दूध हम तो पीते भी नहीं है ?

> नहीं, ये ज्यादा नहीं है । जो इतनी चाय पीते हो तुम सब उसका क्या ?

< फिर भी ! मुझे ये दूध ज्यादा ही लगता है ।

> जा, अपना काम कर । दूध ज्यादा लगता है !

< || ||

< || ||

< माँ, आप क्या कर रही हो ?

> मैं अंकुर के लिए नाश्ता बना रही हूँ । उसने अभी ऑफिस जाना है ।

< ठीक है । पर वो खुद कहाँ हैं ?

> वो नहाने गया होगा या तैयार हो रहा होगा । उसको तैयार होने में भी तो घंटो लगते हैं ।

< हाँ वो तो है ।

< चलो सब चाय पीते हैं । फिर मुझे भी नहाने जाना है । दुकान के लिए तैयार भी होना है ।

< || ||

< || ||

< हाँ भाई, अंकुर, आ गया तू ! चल आजा नाश्ता कर ले । फिर नौकरी पे भी तो जाना है । नहीं तो बस निकल जाएगी तेरी ।

> कोई ना । थोड़ा लेट हो जाऊंगा तो फ़ोन कर दूंगा । वैसे भी मुझे ये नौकरी अब बदलनी है ।

< क्यूँ ? क्या हुआ ?

> अरे यार, दो साल से ज्यादा हो गए हैं । पैसा नहीं बढ़ाते । दूसरा, और दूर वाले गांव में भेज दिया है ।

< अरे, वहां तो मुश्किल होता होगा जाना ?

> हाँ । अब तो बस भी बदलनी पड़ती है । और फिर वहां बसें भी बहुत कम जाती हैं । एक बार छूट जाये तो फिर दूसरी के लिए आधा घंटा प्रतीक्षा करनी पड़ती है ।

< हम्म्म...! चल अभी जल्दी खा । नहीं तो बस छूट जाएगी ।

> हाँ ।

< नीरजांश ।

> हाँ जी माँ ।

< अपने पिता को उठा कर गरम पानी पीला दो ।

< ठीक है माँ ।

"नीरजांश के पिता का नाम ब्रिज सेठ है । उनकी उम्र सतर साल के करीब है । उनकी राजनीती में विशेष दिलचस्पी है । वो अपने शहर की नामी हस्ती माने जाते हैं । लोग उनका बहुत आदर करते हैं । लोकल नेता के साथ उनका उठना-बैठना है । पुलिस के बड़े-बड़े अफसरों से उनकी अच्छी पहचान और बातचीत है ।

वो पिछले लगभग चालीस सालों से करियाना का काम कर रहे हैं । वो उसी दुकान पे वो काम कर रहे हैं जहाँ कभी उनके पिता और दादा हकीमी किया करते थे । चौरासी के दंगो की वजह से उनकी साबुन की फैक्ट्री बंद हो गई । उन्होंने करियाना का काम शुरू करने और उसे बड़ा करने के लिए बहुत चुनौतियों का सामना किया था । उन्होंने अपनी नौकरी छोड़ी और अपने छोटे भाई के साथ मिल कर करियाना का काम शुरू किया ।

नीरजांश के पिता चाहते थे की नीरजांश नौकरी करे । पर उसने नौकरी छोड़ दी और वापिस अपने गांव लौट आया । नीरजांश समाज सेवा करना चाहता था और वो वही कर रहा था । जिसके चलते उसने अपनी नौकरी छोड़ दी । घर आकर भी उसने वो सेवा जारी रखी । जिसकी वजह से उसके पिता उससे बहुत नाराज थे । "

< उठो पिता जी, आठ बजने वाले हैं । ये पानी पी लो ।

> अखबार आई क्या ?

< हांजी, आ गई। ये लो ।

< आप बलदेव को फ़ोन कर दो की टाइम पे आ जाएं दुकान पर ।

> ठीक है । मेरा फ़ोन दो मुझे ।

< ये लो ।

< ॥ ॥

< ॥ ॥

< माँ, मैं नहाने जा रहा हूँ ।

> ठीक है । पर पहले मुझे गरम पानी दे दो । कपड़े भिगोने है मुझे ।

< माँ, आज बरसात में भी कपड़े धोने है आपको ?

< हाँ, कपड़े बहुत ज्यादा इकठे हो गए हैं ।

> अच्छा। लाओ बाल्टी दो मुझे ।

< ॥ ॥

< ॥ ॥

< माँ, साढ़े-आठ बज गए हैं । मैं दुकान जा रहा हूँ । पिता जी, बलदेव
पाजी को बोल दिया ?

< हाँ, बोल दिया ।

< ॥ ॥

< ॥ ॥

< क्या टाइम हुआ है बलदेव पाजी ?

> अभी नो बजे हैं ।

< आपको पापा ने फ़ोन करके बोला था न की साढ़े-आठ बजे आना है ?

< हाँ, कहा था ।

> तो फिर आप आए क्यों नहीं ? आपको पता है की मुझे कॉलेज नो बजे पहुंचना होता है । और आप नो बजे दुकान पर आ रहे हो !

< नीरजांश, तू कॉलेज जा । मैं संभालता हूँ ।

> पिता जी, ये फिर नो बजे आये हैं ।

< कोई बात नहीं । तुम कॉलेज जाओ ।

> तंग आ गया हूँ मैं इनसे ।

< ‖ ‖

< ‖ ‖

< हेलो पंकज सर, गुड मॉर्निंग ।

> गुड मॉर्निंग, सर । कैसे हैं आप ?

< मैं एकदम ठीक हूँ, सर । आप कैसे हैं ?

> मैं भी ठीक हूँ, सर ।

< सारे टीचर्स आ गए हैं ?

> जी सर । आपने इतनी सख्ती कर दी है । इसलिए अब सभी टाइम पर आ जाते हैं ।

< सर, मैं तो अपनी ड्यूटी कर रहा हूँ ।

< पर सर, बाकी टीचर्स भी तो खुद-बखुद ये समझ सकते हैं ।

< समझना तो चाहिए । अगर नहीं करेंगे तो नुकसान बच्चों का ही है और समाज का भी ।

> वो कैसे, सर ?

< ये बच्चे जब बड़े होंगे तो कोई न कोई काम अवश्य करेंगे । ये उस काम को कितनी ईमानदारी और अनुसाशन से करेंगे ये इनकी शिक्षा ही निर्धारित करती है । अगर हम बच्चों को सवालों का जवाब नहीं देते । उन्हें टाइम नहीं देते । उन्हें उनके लेक्टर्स अच्छी तरह नहीं समझाते । टेस्ट के नाम पर उपचारिकता करते हैं । सिलेबस पूरा करने के नाम पर उन्हें अच्छी तरह पढ़ाएंगे नहीं । तो वह नकल करेंगे । और फिर यही बच्चे अपने-अपने काम पे वही सब करेंगे जैसा हमने उनके साथ किया है । क्यूंकी उनको लगेगा की यही सच है । और उसका परिणाम पूरे समाज को भुगतना पड़ेगा । शॉर्टकट, चोरी, भृष्टाचार और बड़ेगा ।

इसलिए गुरु को कठोर होना चाहिए । जैसे ये जीवन है । पूरे समाज का भार गुरु के कंधो पर होता है । बच्चों को जीवन की चुनौतियों का सामना करने के लिए तैयार करना चाहिए । उन्हें मेहनती बनानां होगा । उन्हें अनुसाशन सिखाना होगा । हार गए तो फिर से उठना सिखाना होगा । उन्हें ज़िंदगी का सच बताना होगा ।

< क्या बात है सर ! आप तो पुरे फिलोसोफिकल हो ।

> चलो सर, प्रिंसिपल मैडम से भी मिल लें।

> चलो सर ।

< ।। ।।

< ।। ।।

< नीरजांष, आ गए तुम । चलो मैं खाना खा कर आता हूँ ।

> ठीक है पिता जी । बलदेव पाजी कहाँ है ?

< वो अभी आता होगा । खाना खाने गया था ।

> वो अभी तक आये क्यों नहीं ? उन्हें तो एक घंटे से ज्यादा हो गया है घर गए हुए ।

> मैंने उसे कहा था । पर वो बात नहीं मानता।

< ठीक है इनको प्यार की भाषा समझ नहीं आती । आप जाओ मैं देखता हूँ ।

< ।। ।।

< ।। ।।

< बलदेव पाजी, क्या टाइम हुआ है ?

> ढाई बज गए हैं ।

> कितने बजे वापिस आना था ?

< दो बजे ।

> तो फिर आये क्यों नहीं ?

< वो मैं सो गया था ।

< बलदेव पाजी आप इतने बड़े हो । इसीलिए मुझे आपसे ऊँची आवाज़ में बात करना या बिगड़ना अच्छा नहीं लगता । पर अगर आप नहीं बदले तो मैं बिगड़ जाऊंगा ।

"बलदेव पाजी को एक मानसिक बीमारी है । इनको दौरा पड़ता है । इनको कुछ आवाज़ें सुनाई देती हैं । जिसकी वजह से ये बढ़-बढ़ाते रहतें हैं । इनको इसी वजह से कोई अपनी दुकान में काम नहीं देता । अपने पड़ोसियों से भी लड़ते रहते हैं । अपने घर पर अपनी पत्नी से भी झगड़ते रहते हैं । पापा ने बताया था की उनके साथ कोई धोखा-धड़ी हुई थी जिसकी वजह से उनको दौरा पड़ना शुरू हो गया ।

इनकी दो बेटियां और एक बेटा है । इनकी पत्नी घरों में साफ़-सफाई का काम करतीं है । दोनों बेटियों की यह शादी कर चुके हैं और एक बेटा, वो अभी पड़ रहा है । ये एक अच्छे पिता है ।

पापा को ये एक साल पहले मिले थे । और पापा ने इनकी ईमानदारी और भोलेपन और अपने दयालू स्वभाव की वजह से इनको नौकरी दे दी ।

पर ये इतने भी भोले नहीं हैं। ये अपनी बीमारी की आड़ में अपने काम से भागते हैं । दुकान पर लेट आना, पानी लेने जाना तो दस मिनट तक घुमते रहना, घर खाना खाने जाना तो देर से लौटना, भूलने का बहाना करना, हर बात को "ठीक है" कह कर अनसुना कर देना और फिर वही करना जो उन्हें करना हैं जो की गलत होता है ।

उनकी आदतों की वजह से मैं परेशान हो गया था जिसकी वजह से मैं हमेशा गुस्से में रहता था । इनकी गैर-ज़िम्मेदारी की वजह से दुकान में भी बहुत नुकसान हो रहा है । वो अपने काम को काम ही नहीं

समझते हैं । रोज एक ही काम करना और वो भी याद नहीं रहता उनको
।

असल में कुछ तो उनकी मानसिक बीमारी की वजह से है और कुछ वो
इसका फायदा उठाते हैं ।

गैर-ज़िम्मेदारी उनकी बढ़ती जा रही थी जो मानसिक बीमारी की वजह
से नहीं थी और ये मेरी बर्दाश्त से बाहर हो रहा था ।"

< कैसा रहा कॉलेज आज ?

> अच्छा था माँ । मुझे एक अजीब सा सुकून मिलता है बच्चों को
पढ़ाने से । मैं खुश हो जाता हूँ ।

< ये तो अच्छी बात है । तुम ट्यूशन क्यों नहीं पढ़ाना शुरू करते ?

< माँ, आपको पता है की मैं पैसों के लिए नहीं पढ़ाता बच्चों को ।

> लेकिन बेटा बिना पैसों के घर नहीं चलता है ।

< माँ, तो ये कॉलेज वाले मुझे पैसे दे तो रहे हैं ।

> किन्तु ये तो बहुत कम है । इससे तो तुम्हारे पिता की कोई मदद नहीं
होगी । क़र्ज़ उतरने के लिए ज्यादा पैसों की जरुरत है ।

< माँ, पर जो मुझे आता ही नहीं है मैं वो काम कैसे करूँ ? मैं बच्चों को
फिलोसोफी के सिवा और कुछ नहीं पढ़ा सकता हूँ ।

> तुम्हारी साइंस भी तो अच्छी है और तुम्हारी इंग्लिश भी अच्छी है ?

< माँ, बच्चों को अधूरी जानकारी से पढ़ाना गलत है । मेरी इसमें कोई रूचि नहीं है । मैं फिलोसोफी पढ़ाता हूँ और अगर कोई पढ़ना चाहे तो मुझे कोई ऐतराज़ नहीं ।

> बेटे, तुम्हारे पिता को तुम्हारी जरुरत है । वो अकेले कैसे ये सब करेंगे । एक तो तुम अच्छी-खासी नौकरी भी छोड़ आए हो ।

< माँ, मैंने आपको कितनी बार कहा है की मैंने नौकरी क्यों छोड़ी ? अब आप बार- बार क्यों एक ही बात करती हो?

> बेटे, तो मैं क्या करूँ ? तुमने काम ही ऐसा किया है । मेरे सारे सपनो पे पानी फेर दिया । मेरी इच्छा थी की तुम मुझे और अपने पिता को घुमाओगे । दुनिया दिखाओगे ।

< माँ, आप क्यों नहीं समझती की ये बड़े-बड़े शहर और वहां की नौकरियां, ये सब एक जाल है । एक बार जो वहां फस जाओ तो चाह कर भी वहां से बाहर नहीं निकल पाओगे । लोगों के माता-पिता को मैंने वहां परेशान होते देखा हैं । उनसे बात की तो कहते हैं की हम तो जेल में बंद हैं । पोते के मोह में फसे हुए हैं । बच्चों की वजह से यहाँ रहना पड़ रहा है । दिल ही नहीं लगता यहाँ ।

माँ, भगवन का शुक्र है की मुझे उसने वहां से निकल कर आपके पास भेज दिया । यहाँ पर हम सब साथ में हैं । खुश हैं ।

> लेकिन, तेरे पिता खुश नहीं है, नीरजांष । वो बहुत चिंता करते हैं । तेरी शादी की । तेरे भविष्य की । मैं उनको ऐसे देख कर परेशान हो जाती हूँ ।

< माँ, मैं समझता हूँ । पिता जी को मैंने बहुत समझाया की हमारी दुकान अभी हमारे पास है । हम इसपे मेहनत करके सब ठीक कर लेंगे

। पर वो इतने निराश हैं की उनको आशा कहीं से आती दिखाई ही नहीं दे रही । मेरी हर राय को वो अनसुना कर देते हैं । मैं उनको दुकान के काम को बढ़ाने के लिए जो भी सलाह-मशवरा देता हूँ वो "नहीं " या "मुझे सब पता है" कह कर हर बात को इंकार कर देते हैं । वो बहुत नकारात्मक हो गए हैं । उनको सिर्फ मुश्किलें ही दिखाई देती हैं । उनको मुझपे विश्वास ही नहीं है । मुझे कुछ करने ही नहीं देते, माँ ।

> हाँ, मैंने भी उनको कितनी बार कहा है की इतनी चिंता मत किया करो । सब ठीक हो जायेगा । पर वो हैं की सुनते ही नहीं । कैसे होगा ? कैसे होगा ? कहते रहते हैं।

< माँ, वो चिंता में फस गए हैं । उन्हें इससे बाहर लाना होगा । अगर वो मेरी बात नहीं सुनेंगे तो मैं गुस्से से अपनी बात मानवाऊँगा । यही एक उपाए समझ में आ रहा है मुझे । मैं और प्रतीक्षा नहीं कर सकता । उनको नकारात्मकता छोड़नी ही होगी ।

> बेटे, वो तुम्हारे पिता हैं । उनको जवाब देना । गुस्सा करना । ये उनका अपमान होगा ।

> माँ, पर मैं और क्या करूँ ? मैं वो सब कर रहा हूँ जो हम सबको खुश रखे । और आप हो की एक ही बात की रट लगाए हुए हो । नौकरी क्यों छोड़ी ? नहीं छोड़नी चाहिए थी ।

2

धैर्य रखो

दो साल पहले २०१७ (2017)

< मैं किसी को समझा भी नहीं सकता हूँ की मैंने नौकरी क्यों छोड़ी ? उनको यही लग रहा होगा की नौकरी मैंने छोड़ी है । पर ये सच नहीं है । ये नौकरी मुझसे छुड़वाई गई है ।

उसने छुड़वाई है ।

जब मेरे सुखी दिन शुरू होने वाले थे तो मुझसे मेरी नौकरी छीन ली ।

सब को लगता है की मैंने नौकरी छोड़ी है । मैं बेवकूफ हूँ । कोई इसे मेरी बहादुरी समझ रहा है । कोई इसे मेरी बेवकूफी । पर मैं कैसे समझाऊँ की मेरा मुझ पर ही कोई बस नहीं चल रहा । सब कुछ वो कर रहा है । और कहता है धैर्य रखो, धैर्य रखो । सब ठीक हो जायेगा ।

अगली सुबह ॥।॥

< कमाल है ! आज का दिन कितना खूबसूरत है । आज तो सूरज देवता भी खुश लग रहे हैं । हवा भी चेहरे पर अजीब सी ख़ुशी का एहसास दिला रही है । पेड़ भी झूम रहे हैं । आज सब कुछ कितना आनंद में लग रहा है । आज कुछ ख़ास है क्या ? नींद भी बहुत ही सुकून भरी थी । वैसे ही जैसे बचपन में आती थी ।

ये सब शायद इसीलिए की अब मैं कर्म के बंधन से आज़ाद हो गया हूँ ? अब मुझे सुबह जल्दी उठ कर नहाने, खाना खाने और तैयार होने की कोई जरुरत नहीं है ?

हाँ शायद इसी वजह से होगा ।

नहीं शायद ! ये एहसास मुझे उसकी वजह से हो रहा है । वही जो मेरे फैसला ले रहा है । जो मुझे कोशिश करने को कह रहा है । समाज की मदद करने को कह रहा है ।

हो सकता है !

सच कहूं तो ये मुझे बहुत अच्छा लग रहा है । ऐसा लग रहा है जैसे मैं आज़ाद हो गया हूँ । जैसे जो मैं कर रहा था सब व्यर्थ था । और ये सब सूर्य, पेड़, जल, हवा, आकाश, ये सब मेरा स्वागत कर रहें हैं अपनी दुनिया में ।

पर आगे क्या ? कुछ स्पष्ट नहीं हो रहा । ये कैसी लाचारी है । ऐसा लग रहा है मैं खुद से ही लड़ रहा हूँ ।

> तुम्हारा सफर अभी शुरू हुआ है । इसीलिए तुम्हे एक गुरु की जरुरत है ।

< कैसा गुरु ?

> किताबें, दर्शन शास्त्र, स्मृति ।

< स्मृति ? दर्शन शास्त्र ? किताबें ? समृति क्या होती है ? और दर्शन शास्त्र ? और कैसी किताबें चाहिए मुझे ?

> स्मृति - जैसे की रामायण, महाभारत, महादेव की कथा, गुरु नानक, बुद्दा की कहानियाँ । इन सब में मार्गदर्शक है, उपदेश है, कर्म है, शिक्षा है, सत्य है । इन सबको पड़ो, देखो, समझो, और सबसे जरुरी इन सबका पालन करो ।

< और ये दर्शन शास्त्र क्या है ?

> धैर्य रखो । धीरे धीरे सब समझ जाओगे ।

दो साल बाद २०१९ (2019)

< फ़ोन उठा बतरा । कहाँ है भाई तू ?

> हेलो !

< इतना टाइम लगा दिया फ़ोन उठाने में !

> क्यों क्या हुआ ?

< कुछ नहीं यार । बस वहीं दिन भर का काम और कुछ सवालों के जवाब । समझ नहीं आ रहा यार ये पैसे की समस्या कैसे दूर करूं ? तुझे तो पता है यार मैंने जो भी किया । तूने तो मेरी इतनी मदद की है ।

> हाँ, पर हुआ क्या ?

< वहीं यार, फिर से वही बातें । नौकरी क्यों छोड़ दी ? पापा अकेले कैसे करेंगे सब ? समझ नहीं आता यार दुकान को कैसे आगे लेकर जाऊँ ? मैं जब भी कोई सलाह देता हूँ या मदद करने की कोषिष करता हूँ तो मुझे मना कर देते हैं । ये कह कर की "मुझे सब पता है ।" बता भाई, मैं क्या करूँ ? बहुत बुरा लगता है यार । जब तुम बहुत कुछ कर सकते हो और तुम्हे कोई समझे नहीं, स्पोर्ट न करे ।

"बतरा और मेरी बहुत ख़ास दोस्ती है । उसका पूरा नाम सिद्धार्थ बतरा है । पर मैं उसको हमेशा बतरा ही बुलाता हूँ । हम दिल्ली में एक साथ एक ही कॉलेज में पढ़ते थे । बहुत गहरी दोस्ती थी हमारी । उसकी वजह थोड़ी अजीब लग सकती है आपको पर फिर भी बताता हूँ । एक तो हमारी सोच मिलती थी जो की दोस्तों में सामान्य बात है । पर दूसरी वजह- थोड़ी हटके थी जिसकी वजह से हमारी दोस्ती ज्यादा

गंभीर हो गई-एक लड़की थी ।

नहीं, नहीं !

जो आप सोच रहे है वो बिलकुल भी नहीं है । मैंने उसकी गर्लफ्रेंड बनाने में मदद नहीं की । उल्टा उसने मेरी गर्लफ्रेंड बनाने में मेरी मदद की ।

फिर इसने वो किया जो शायद ही कोई करता होगा अपने दोस्त के लिए । इसने मेरी बुरे समय में, जब मेरे पास ना घर था ना रोटी, मुझे वो सब दिया । मुझे हर महीने का खर्चा अलग से भी दिया । जब मैं समाज सेवा करने के लिए निकला था तो यही था जिसने मेरी स्पोर्ट की थी । और कहा था मुझे तुझपे विश्वास है । तू जो कर रहा है वो बहुत बहादुरी का काम है जो की मैं नहीं कर सकता । किन्तु इसमे तेरी मदद जरूर कर सकता हूँ ।

बतरा सूरत शहर का रहने वाला है । वो एक व्यापारी का बेटा है । उसके पिता का होलसेल का काम है । वो बेकरी वाले रस और बिस्कुट बेचते हैं । बतरा ने कॉलेज के बाद सिर्फ तीन महीने ही नौकरी की थी । और फिर उसने नौकरी करने से इंकार कर दिया था और घर लौट गया था ।

जब मैंने समाज सेवा शुरू की तो उसके कुछ दिन बाद इसने मुझे सूरत बुला लिया । और अपनी दुकान का एक कमरा खाली करके मुझे वहां ठहराया ।"

< देख भाई, मेरे भी साथ ऐसा ही हुआ था जब मैं नौकरी छोड़ कर आया था । मेरे पिता ने भी मुझे व्यापार सीखने के लिए जगह-जगह काम करवाया था । भाई की फैक्ट्री में । मजदूरों के साथ बैठ कर खाना खाना, वो जो करते हैं वैसे ही करना, जो कहते हैं वो करना । उनकी हर बात मानना । मुझे भी दो साल लगे थे अपने पापा के व्यापार में बदलाव करने में । तो तुझे थोड़ा धैर्य रखना होगा ।

> हम्म्म..!

< चल ठीक है भाई, बाद में बात करते हैं ।

> हाँ, ठीक है ।

< ॥॥

< ॥॥

< हैलो सर, गुड मॉर्निंग, थोड़े परेशान दिख रहे हो ? क्या बात है ?

> हैलो पवन सर, मॉर्निंग । हाँ सर । दुकान पर काम करने वाले बलदेव पाजी हमेशा लेट आते हैं दुकान पर । उनकी वजह से मैं भी लेट हो जाता हूँ । जो की मुझे बिल्कुल पसंद नहीं है । समझ नहीं आता मैं क्या करूँ ? कैसे ठीक करूँ उनको ?

< कोई और लड़का रख लो ?

> मैं तो यही चाहता हूँ । किन्तु पापा नहीं मान रहे । वो कहते हैं की कोई बात नहीं । वो थोड़ा दिमाग से सीधा है । चलो छोड़ो सर ये सब । प्रिंसिपल मैडम आ गए हैं ?

> हाँ जी, सर ।

< ठीक है, मैं उनसे मिल कर आता हूँ ।

< ॥॥

< ॥॥

< गुड मॉर्निंग, मैडम ।

> मॉर्निंग, नीरजांष ।

< मैडम, मैंने राउंड लगाया है अभी । सब टीचर्स अपनी क्लास में ही हैं
।

> ठीक है, नीरजांष ।

< पर मैडम एक समस्या है!

> क्या, नीरजांष ?

< मैडम, एक टीचर लाइब्रेरी में ही लेक्चर लगा रहे हैं ।

> कौन है वो ?

< मैडम, मीना मैडम ।

> ठीक है, मैं उन्हें कह दूँगी अपने लेक्टर्स क्लासरूम में लें ।

< ठीक है, मैडम ।

< ॥ ॥

< ॥ ॥

< हैलो, सर ।

< हैलो, नीलम मैडम ।

< सर आपके ड्यूटी सँभालने के बाद से सब टीचर्स टाइम पे आने लगे हैं । आपसे डरते भी हैं ।

> मैडम, मुझे समझ नहीं आता, ये सब इतने स्कॉलर टीचर्स हैं, फिर भी इनमें अनुसाशन नहीं है ? सिर्फ कुछ टीचर्स को छोड़ कर बाकी सब लेट आते हैं । क्या हमने अपनी मर्जी से ये नौकरी नहीं चुनी ? तो फिर हम उसको ठीक से निभाते क्यों नहीं ?

कभी-कभी तो सोचता हूँ की समाज की समस्या की जड़ हम गुरु और माता-पिता ही हैं । आपने देखा नहीं कैसे ये बच्चे कॉलेज टाइम पूरा होने से पहले ही ट्यूशन पड़ने चले जाते हैं ! अजीब बात है । और वो भी अपने माता-पिता की परमिशन दिखा कर ।

अगर कॉलेज के लेक्चर नहीं पूरे करेंगे तो फ़ेल होंगे और उसका इसका दोष कॉलेज को देंगे। हमें देंगे । अभी कुछ दिन पहले की ही बात है । एक लड़की की माँ ने मुझसे बात की और कहा की आप की टीचर ने मेरी बच्ची को फ़ेल कर दिया । बच्ची कहती है की उसने सब ठीक लिखा था । मैडम ने ठीक से चेक नहीं किया होगा ।

< अजीब बात है !

> हाँ, मैंने उन्हें समझाने की बहुत कोशिश की । लेकिन, वो की सुनने को तैयार ही नहीं । उल्टा बोल रही हैं की उन्होंने मेरी बेटी को निराश कर दिया है । मेरी बेटी दुखी हो गई है । अगर आप नहीं कर सकते बात मैडम से तो मैं फिर कॉलेज आती हूँ और मैडम से बात करती हूँ ।

< बताओ ! हद हो गयी । वो तो गुस्से से आग-बबूला हो रही थीं फोन पर ।

> मैंने उनको बहुत मुश्किल से शांत करते हुए कहा की दूसरे मैडम से बोल कर री-चेकिंग करवा देता हूँ । फिर कहीं जाकर वो मानी । इतने गुस्से से बात कर रहीं थीं जैसे हम टीचर नहीं हैं देखबाल करने वाले हैं ।

< फिर री-चेकिंग में कुछ मिला ?

> मिलना क्या था ! दूसरी मैडम ने भी वही कहा "सब गलत लिखा है" ।

< फिर क्या कहा आपने उसकी माँ को ?

> मैंने, कुछ नहीं । वो लड़की मेरे पास आई और माफ़ी मांगने लगी ।

< कमाल के माता-पिता हैं । अपने बच्चों पर भरोसा है और उनको गुरु पर नहीं ।

> सही कहा मैडम ।

< ॥ ॥

< ॥ ॥

< पिता जी, दुकान की मुरम्मत करवानी पड़ेगी ।

> पैसे कहाँ से लाओगे ?

< जो अपने पास बचत है उनमे से ही इस्तेमाल करना पड़ेगा । अगर मुरम्मत नहीं करवाएंगे तो चूहे सारा नुकसान कर देंगे ।

> मैं अभी नहीं करवा सकता ।

< आप चाहते क्या हैं ? अगर मैं आपको कहता हूँ की दुकान में नए-नए वैरायटी का सामान रखो तो आप मना कर देते हो । कहते हो पैसे नहीं है । मुरम्मत करवाओ तो पैसे पैसे नहीं है । अगर मैं दुकान की बनावट को बदलने की कोशिश करता हूँ तो वो मना कर देते हो । नए तरीके से सजावट करता हूँ तो वो भी नहीं करने देते । तो मैं मदद करूँ कैसे ?

> बेटे, तुम मुझे ये बताओ की पैसे आएगा कहाँ से ये सब करने के लिए ?

< आप एक ही ज़िद लगाए बैठे हो । मैं कोशिश कर रहा हूँ तो मुझे कोशिश भी नहीं करने देते ।

> मैंने तुम्हे कब कोशिश करने से रोका है ?

< तो और मैं कहाँ से पैसे लाऊँ ? कोशिश किये बिना कैसे आएंगे पैसे ? अगर मैं कुछ भी कहता हूँ तो मना कर देते हो । चूहों की वजह से सारा अनाज खराब हो रहा है । मेरे पास उपाए है । फिर आप कहते हो की पैसे नहीं है । छोटे-छोटे खर्चे ही तो है दुकान की मुरम्मत के लिए । ज्यादा तो खर्चा भी नहीं है । मैं तो जो जरुरी है वहीं बता रहा हूँ ।

मुझे बहुत सफाई करनी पड़ती है चूहों की वजह से । फिर ग्राहक की भी तो शिकायत ख़त्म नहीं हो रही । और वो झूठ भी नहीं कहते । हमें नए बदलाव लाने होंगे, पिता जी । नहीं तो हमारे हालात नहीं बदलने वाले ।

> ठीक है । देखते हैं ।

< देखते-देखते हैं । पिता जी, तीन महीने से सुन रहा हूँ आपका यही जवाब ।

> नीरजांष, ये सब तेरी नौकरी छोड़ने की वजह से हुआ है । अगर तू नौकरी नहीं छोड़ता तो मुझे ये सब टेंशन ही नहीं होती । सारे किए-कराए पे पानी फेर दिया तुमने ।

< ठीक है पिता जी, मैं जा रहा हूँ घर अपने लेक्चर तैयार करने । रात को आ जाऊंगा दुकान सँभालने । जब आप ने मेरी बात ही नहीं माननी तो मेरा यहाँ रह कर आपको परेशान करना फ़ज़ूल है ।

> ठीक है, जाओ ।

< ॥ ॥

< ॥ ॥

< माँ, रात को खाने में क्या बनाया है ?

> दाल और गोबी की सब्जी है । तुम दुकान से क्यों आ गए ?

< सुबह के लिए लेक्चर तैयार करने है माँ । बच्चों के फाइनल परीक्षा है । उसकी तैयारी करवानी है जोरदार । मैं नहीं चाहता मेरी तरफ से कोई कमी रह जाए ।

> दुकान पे कब जाओगे ?

< बड़ाने के समय चला जाऊंगा ।

> ठीक है ।

< माँ, मैं सोच रहा हूँ की दूसरा काम शुरू कर लूँ !

> कैसा काम बेटा ?

< माँ, बच्चों की काउंसलिंग का ।

> कैसे और कहाँ ?

< माँ, दुकान के ऊपर खली कमरा है । वहीं पे । अभी तो मैं स्कूल टू स्कूल काउंसलिंग के लिए जाता हूँ । कुछ स्कूल तो मौका ही नहीं देते । इसीलिए मैं सभी बच्चों को कॉउंसिल नहीं कर पाता । मैं सोच रहा था अगर मैं बच्चों को एक ही जगह पे कॉउन्सिलिंग दूँ ?

> ठीक है ! कर लो ।

< एक समस्या है, माँ ।

> कैसी समस्या ?

< आज के युग में मैथ्स और साइंस की टुइशनस तो सब पड़ते हैं । पर क्या कोई फिलोसोफी जैसे विषय की ट्यूशन में भी आएगा ? सब तो पास होना, ज्यादा नंबर लेना, बस यही चाहते हैं । ज़िन्दगी का सामना कैसी करना है ? क्या-क्या चुनौतियां हैं ? ये उनको स्कूल में या साइंस टुइशनस में नहीं बताते, माँ । मैं ये सब बताना चाहता हूँ । अभी यहाँ बहुत स्कूल घूमने के बाद भी सिर्फ तीन स्कूल्ज ने ही मौका दिया है । कुछ स्कूल्ज वालों ने कहा की अभी तो सिलबस पूरा करवाना है । कुछ ने कहा हमें दिलचस्पी नहीं है या हमने आलरेडी ये सेमिनार करवा लिया है । कोई तो कहता है परीक्षा के बाद आना । कभी-कभी तो समझ नहीं आता कैसी उनको मनाऊ?

> तो इसमे समस्या क्या है ? कुछ करना चाहता हो तो चुनौतियाँ तो आएंगी । पर कोई बात नहीं । चिंता मत कर । भगवान पे भरोसा रखो ।

< हम्म्म ।

< ॥॥

< ॥॥

< हेलो, पंकज सर । क्या हाल है ?

> हाँ जी सर, मैं एकदम बड़िया । आपके क्या हाल हैं ?

< मैं भी ठीक ।

> कॉलेज में फेयरवेल की तैयारियां चल रही हैं ।

< हांजी । फिर उसके बाद परीक्षाएं ।

> हाहाहा । वो तो है सर । लेकिन, आप को कौन सी ड्यूटी मिली हैं
फेयरवेल पार्टी में ?

< मुझे रसोइये की ड्यूटी मिली है । मैं हलवाई के साथ रह कर सारा
राशन उपलब्ध करवाऊंगा सर ।

> चलो, आपकी तो दुकान से ही आएगा राशन ।

< हाँ जी, वो तो है । हाहा और आपकी क्या ड्यूटी है सर ?

> मेरी ड्यूटी हाल की सजावट और व्यवस्था की है ।

< बड़िया है सर ।

< ॥॥

< ॥ ॥

< अरे, मिश्रा जी, आप ! आप हलवाई हो यहाँ पर । क्या बात ! फिर तो घर वाली बात है । सारा राशन मिल गया आपको ? सब पूरा है ? कुछ चाहिए तो बता देना ?

> ठीक है बाऊ जी ।

< अच्छा मिश्रा जी, सुबह का क्या नाश्ता बोले हैं बनाने को ?

> बाऊ जी, नाश्ते में चाय और पकोड़ा बोले हैं । अभी वही तैयार कर रहा हूँ । फिर उसके बाद सीधा दुपहर के खाने की तैयारी बाऊ जी ।

< हाँ, पकोड़े बनाओगे तो पहले थोड़े खिला भी देना । हाहाहा ।

> ठीक है बाऊ जी । सब आप की है बाऊ जी ।

< ठीक है मिश्रा जी, चक्कर लगा कर आता हूँ मैं ।

< ॥ ॥

< ॥ ॥

< माँ, आज बहुत थक गया हूँ । बहुत काम था कॉलेज में । फेयरवेल खत्म होते-होते चार बज गए शाम के । माँ, चाय पीला दो बड़िया सी ।

< ॥ ॥

< ॥ ॥

< सर, आपने तो कल कमाल ही कर दिया । क्या नाचे सर आप तो ! मजा ही आ गया । मुझे तो पता ही नहीं था की आप इतना अच्छा नाचते हैं !

> थैंक यू बच्चे । स्कूल में सीखा था थोड़ा-बहुत भांगड़ा । कभी-कभी मन करता है तो नाच लेता हूँ ।

< ‖‖

< ‖‖

< आज का क्या रोस्टर है ? हम्म्म.. देखूं जरा । ये रहा । ओह ! आज मेरा एक एक्स्ट्रा लेक्चर भी है ।

> सर, नए एडमिशन शुरू होने वाले हैं कुछ ही महीनो में । उसकी तैयारी करनी होगी ।

< पवन सर, जो आप हमें ड्यूटी देंगे हम वो कर लेंगे ।

> सर, मैं नहीं । प्रिंसिपल मैडम ।

< अरे, मजाक कर रहा हूँ सर ।

< हाहाहा ।

3

निष्काम कर्म

एक साल पहले २०१८ (2018)

< उठो कोशिश करो । यूँ बार-बार बैठ कर सोचने से समस्या का समाधान नहीं होगा । तुम्हे सफल होने का पहला नियम "कोशिश करना" सीखना होगा ।

> लेकिन, मैंने इतने स्कूल्ज में फ़ोन किया है । किसी ने भी मुझे स्पष्ट रूप से हाँ नहीं कहा। सब ने कहा की अभी वो व्यस्त हैं । बच्चों की परीक्षा होने वाली है । उस की तैयारी कर रहे हैं । आप गर्मी की छुटियों के बाद फ़ोन करो ।

> समस्या ये है की तुम पूरी तरह कोशिश ही नहीं करना चाहते । तुम आसान तरीके ढूंढ रहे हो । उठो और उन सबसे मिल कर आओ । उन्हें बताओ की तुम उनकी मदद करना चाहते हो ।

< लेकिन वो मुझपर विश्वास क्यों करेंगे ? मैं उनको बोल भी दूँ तब भी वो मुझे मौका नहीं देंगे । उनके मन में सबसे बड़ा प्रश्न तो यही होगा की मैं उनकी मदद क्यों करना चाहता हूँ ? और मैं उनको कैसे समझाऊंगा ?

> सच बोलो ।

< कैसा सच ?

> यही की तुम उनको क्यों पढ़ाना चाहते हो । तुम्हारा उद्देश्य सिर्फ बच्चों और समाज की भलाई है ।

> तुम्हे लगता है वो मानेंगे ?

< इसीलिए तो तुम्हे कोशिश करनी है । हो सकता है पहले कुछ लोग विश्वाष ना करे । पर ये भी तो हो सकता की तुम कोशिश करते-करते उन लोगों तक पहुंच जाओ जो तुम्हारी प्रतीक्षा कर रहे हैं ।

एक साल बाद २०१९ (2019)

< हाँ भाई, शादी कब कर रहा है ?

> क्यों मजाक कर रहा है, बतरा । नौकरी छोड़ कर गांव लोटे लड़के से कौन माता-पिता अपनी लड़की की शादी करते हैं ? बतरा, मुझे कभी-कभी लगता है लोग मुझे बेवकूफ समझते हैं । उनको लगता है की मेरा वहां दिल नहीं लगा इसीलिए मैं नौकरी छोड़ कर घर लौट आया हूँ । जब मैं उनको बताता हूँ की मैंने नौकरी क्यों छोड़ी तो उनको लगता है की मैं बेवकूफों वाला काम कर रहा हूँ ।

वो मेरे माता-पिता से ही पूछते रहते हैं की ये नौकरी क्यों छोड़ आया ? और वो भी एक ही जवाब देते हैं " हमें खुद नहीं पता" । अब तू बता कौन माँ-बाप ये जवाब सुन कर मेरे साथ रिश्ता करेंगे अपनी बेटी का ?

< भाई, तू चिंता मत कर । ये समाज पैसों से चलता है । तेरे काम को वो समझ भी नहीं सकते । क्यूंकि उन्होंने पूरी ज़िन्दगी एक ही मूल्य, पैसा, कमाने में निकाली है । बड़े-बड़े घर, गाड़ी, मोबाइल, लेने में बिता दी है । पर वो ज़िन्दगी में संतोष नहीं कमा पाए । खुशी नहीं कमा पाए । वो अपनी असुरक्षा के लिए भागते रहते हैं । उन्हें हमेशा डर लगा रहता है की ये सब कहीं चला ना जाए । तुम तो ये सब ठुकरा कर समाज की बेहतरी के लिए बच्चों को पड़ा रहे हो । मैं तेरे साथ हूँ । तू चिंता मत कर ।

> वो तो मुझे पता है यारा । तभी तो मैं तुझ से ही बात करता हूँ । और किसी को मेरा उद्देश्य समझ ही नहीं आता । कभी-कभी बहुत अकेलापन लगता है । तब ही मेरे मन में शादी के ख्याल आते हैं ।

< तो इसमें गलत क्या है ? शादी तो करनी भी चाहिए ।

> हाँ, वो तो सही है । मैं भी करना चाहता हूँ । पर अभी हालात ऐसे ही हैं । एक-दम विरुद्ध ।

< कोई ना, हो जाएगी शादी मेरे भाई की । हालात भी बदल जाएंगे ।

> अहह ! ....तेरे मुँह में घी शकर ।

< और काम का बता ?

> काम अच्छा है । दुकान पे तो अब मैं बहुत कम ही जाता हूँ । सुबह-शाम लेक्चर में निकल जाती है ।

< तो फिर दुकान ?

> दुकान वैसे भी पापा मुझे करने नहीं देते । और मैं भी दोनों कामो का भार नहीं उठा सकता । कभी-कभी मेरा बहुत सिर दर्द होने लगता है । मुझे तो लगता है माइग्रेन हो गया है । बच्चों को पढ़ाने से अच्छा लगता है, माइग्रेन भी नहीं होता, इसीलिए ज्यादा टाइम वहीं देता हूँ ।

< हम्म,,,चल, कल बात करते हैं ।

> हाँ, ठीक है ।

< || ||

< || ||

< मॉर्निंग पंकज सर, क्या हाल है आपके ?

> बड़िया है सर, आप बताओ ?

< आधे बच्चों की परीक्षा हो चुकी है । आधों की रह गई है और उसमें अभी समय है तो थोड़ा आराम मिल गया है । वर्ना मैं तो बस भागता ही रहता था और किताबों में ही घुसा रहता था । आप बताओ कोई नई-ताज़ी ?

> कुछ नहीं, सर। थोड़ा-बहुत काम है । फिर एडमिशन शुरू होने वाले हैं उसकी तैयारी भी करनी है ।

< कैसे तैयारी, सर ?

> सर, नए वाउचर तैयार कर रहा हूँ । एडमिशन वॉचर्स । ये एक तरह की एडमिशन स्लिप है जो एडमिशन के समय बच्चों को रसीद के तोर पे दी जाएगी ।

< अच्छा । एडमिशन फीस कितनी है, सर ?

> सर, दो हज़ार रुपया है । हर महीने पांच सौ रुपया अलग से है ।

< पैसे आ जाते हैं टाइम पर ?

> कहाँ सर ! ज्यादा बच्चों के माता-पिता मजदूरी करते हैं । कुछ तो पढ़ाई भी पूरी नहीं करवा पाते । आधे में ही छुड़वा देते हैं ।

< बहुत दुःख की बात है ।

> प्रशासन की तरफ से मदद मिलती है । पर अनपढ़ माता-पिता हैं । उस वजह से ज्यादा के पास तो सुविधा लेने के लिए पूरे डॉक्यूमेंट ही नहीं है । उन्हें सुविधा के बारे में जानकारी ही नहीं है । किसी के तो पहचान पत्र पर नाम ही गलत लिखा होता है । वो बेचारा उस वजह से इधर-उधर चक्कर काटता रहता है ।

< हम्म्म ! „,बहुत मुश्किल हालात है सर ।

> हम तो पूरी कोशिश करते हैं उनकी मदद करने की । उनको सुविधाओं की जानकारी भी देते हैं । पर आपको तो पता है सर, मजदूर कितनी देर तक अपना काम छोड़ कर इधर-उधर चक्कर लगा सकते हैं ?

< गरीबी और अनपढ़ता तपस्या बन जाती है माता-पिता के लिए । उनकी तरक्की में रुकावट बन जाती है । ये गरीबी और अनपढ़ता हमारे देश से जाती क्यों नहीं ? सरकार ने इतनी सहूलत मुहैया करवाईं हैं फिर भी हालात सुधरने का नाम नहीं ले रहे ।

> सर, लोग भी तो बदलना नहीं चाहते । उनको आदत हो गई है ऐसे जीने की । मांग-मांग कर जीने की । दाल-रोटी सरकार दे देती है । थोड़ा-बहुत काम करके जो कमाते है वो दारू में उजाड़ देते हैं । वो सोचते हैं की कोई आएगा और उनके हालात बदल देगा । उनके घर खुशहाली ले कर आएगा ।

< लेकिन सब तो एक जैसे नहीं होते । कुछ तो सच में बदलना चाहते हैं । उनका क्या ? मुझे लगता है समस्या कुछ और है !

> और क्या समस्या हो सकती है, सर ?

< अपनी ड्यूटी की उपेक्षा ।

> ड्यूटी की उपेक्षा ? क्या मतलब, सर ?

< इसका मतलब की हम में से बहुत लोग अपने काम को, ड्यूटी को, पूरी निष्ठा से नहीं करते । वो अपने काम को हल्के में लेते हैं । उसकी गंभीरता को नजर-अंदाज़ करते हैं । वो शायद अपनी ज़िम्मेदारी नहीं

समझते हैं । बहुत तो उसे अपनी चोरी का माध्यम बना लेते हैं । बहुत तो अपने काम को अपनी ताकत का माध्यम समझ लेते हैं ।

हम अपने कॉलेज की ही बात कर लें अगर तो कितने प्रोफेसर्स हैं जो टाइम पर आते हैं ? गिनती के पांच या छह ! बाकी सब लेट आते हैं । कितने तो इसको अपना गौरव समझते हैं । इसमें क्या गौरव हो सकता है ?

अपने लेक्चर को पूरा समय नहीं देना । क्या यह अपने काम की उपेक्षा नहीं ? यहाँ बात अमीर-गरीब की नहीं है । बात है अपने काम को, ड्यूटी को पूरी ईमानदारी, पूरी लगन से करने की । गरीबों से ज्यादा तो अमीरों के बच्चे नौकरियां कर रहे हैं । तो इसका ये मतलब नहीं की कमी गैर-ज़िम्मेदारी की है ?

> हम्म्म ! ,,,, ठीक कहते हो सर है ।

< हम सब कोई ना कोई कर्तव्य से बंधे हुए हैं । चाहे गरीब हो या अमीर हो, काम तो सब को करना की पड़ता है । बिना काम किए ना दिन निकलता है ना गृहस्ती चलती है । हम सब इस समाज को चलाने वाले पहिये हैं । इसीलिए हम सबको अपने काम को पूरी लगन से करना होगा । अगर हम अपने काम की निंदा करे, उपेक्षा करें और दूसरे के काम की सराहना और दूसरे जैसे बनने की कोशिश करेंगे तो हम बस दुखी होंगे । हमारा काम हमारी मजबूरी बन जायेगा । हम दूसरों जैसे घर, गाड़ी और मोबाइल तो खरीद लेंगे पर वो सम्मान नहीं पा सकेंगे जो सिर्फ हमे हमारे काम से मिलेगा ।

एक समाज तभी तरक्की करता है जब वहां रहने वाले अपने काम को पूरी निष्ठा से करें, ईमानदारी से करें । तभी ये पहिये जिन पे समाज खड़ा है वो तेजी से चलेंगे और समाज खुशहाल होगा ।

> मैं समझ गया सर । मैं अपने काम को हल्के में नहीं लूंगा ।

< हाहाहा । मैंने कब कहा की आप अपने काम को हल्के में लेते हैं ?
आप से तो मुझे भी प्रेरणा मिलती है सर ।

> हाहाहा । धन्यवाद सर ।

< ॥ ॥

< ॥ ॥

< पिता जी, जाओ खाना खालो । मैं बैठा हूँ दुकान पर ।

> ठीक है बेटे। मैं आता हूँ खाना खा कर ।

< अच्छा । बलदेव पाजी आ गए हैं ?

> हाँ । पानी लेने गया है ।

< शुक्र है ।

> बलदेव पाजी, खाना खा लिया ?

< हाँ जी । तुमने ?

> मैं तो अभी कॉलेज से आया हूँ । पापा आएंगे तो फिर जाऊंगा ।

< अच्छा,, अच्छा..

> क्या खाया फिर आपने ?

< खाना क्या है ? वही ।

> वही ? क्या वही ?

< वही,, दाल, चावल, आलू की सब्जी, आचार, दो रोटीआं ।

> वाह, वाह,, क्या बात , बलदेव पाजी । परजाई ने बनाया था या आपने ?

< मैं क्यों बनाऊंगा ? तेरी परजाई ने बनाया था ।

> मुँह में पानी आ गया । जल्दी पापा आएं तो मैं भी खाना खाऊ ।

< मैं आऊंगा तो चाय ले कर आऊंगा ।

> ठीक है । यार इसको बोल करो कुछ ।

< किसको ?

> इसको । ये जो पीछे से बोलता है । ये चुप ही नहीं होता । मेरा सर दर्द करने लग गया है ।

< कौन ? पीछे तो दीवार है । आप दीवार के पीछे की बात कर रहे हो ?

> हाँ यार । उसको बोल चुप रहने को । मुझे तंग करता रहता है ।

< पर मुझे तो कोई आवाज नहीं आ रही । मैं भी तो यहाँ बैठा हूँ ।

> अंदर बोलता रहता है वो । चुप नहीं हो रहा ।

< ठीक है । मैं समझ गया । मैं उसे चुप होने को बोल देता हूँ ।

< ‖‖

< ।। ।।

< और बतरा, क्या हाल ?

> ठीक है भाई ।

< क्या हुआ ? आज दुपहर में ही फ़ोन कर दिया ?

> हां यार वैसे ही खाली बैठा था तो मिला दिया ।

< अच्छा किया । मैं भी अभी आया हूँ कॉलेज से । आज थोड़ा काम कम
था । बच्चों के पेपर हो गएँ हैं । थोड़ों के ही बाकी है अब ।

> अच्छा । काम कैसा है ?

< ठीक-ठाक भाई । तू बता ।

> मेरा भी अच्छा है ।

< यार बतरा एक बात समझ में नहीं आती !

> क्या ?

< कुछ दुकानों में पूरा दिन भीड़ रहती है और कुछ खाली ही बैठे रहते हैं
। ऐसा क्यों ? क्या ये किस्मत का खेल है ? या कुछ और ? समझ में ही
नहीं आता ।

> हाँ यार, हमारे भी कुछ दुकाने हैं यहाँ जहाँ पूरा दिन भीड़ लगी रहती
है । पता नहीं यार । शायद किस्मत ही है !!!

< ये बड़ा अन्याय सा लगता है ।

> शायद वो सस्ता बेचते होंगे दूसरे दुकानदारों से । या फिर उसकी दुकान का माल साफ़ होगा । अच्छी क्वालिटी का होगा । या काफी पुरानी दुकाने होंगी वो सब !!

< हाँ, शायद तू सही कहता है । कुछ भी हो सकता है । जो जितना बड़ा वो उतना ही सस्ता बेचेगा और खरीदता भी सस्ता होगा । यार माल सस्ता बेचने वाली बात तो ठीक है पर लोग तो भीड़ वाली दुकान की तरफ खीचे चले जाते हैं । फिर चाहे वो महंगा ही बेचता क्यूँ ना हो । मैंने बहुत बार ये देखा है । आजकल कम्पटीशन ही बहुत बड़ गया है ।

> हाँ, कुछ भी हो सकता है । भीड़ भीड़ को खीचती है । पैसा पैसे को खीचता है । तू भी अपनी दुकान पे पैसा लगा अपने आप पैसा आ जाएगा ।

> पर यार पापा को कौन समझाए ? बोल-बोल कर थक गया हूँ । बदलाव करना होगा । माल की वैरायटी बढ़ानी होगी । बस एक ही बात बोलते रहते हैं कैसे होगा-कैसे होगा ?

< कोई ना । तू कोशिश करता रह ।

> चल मैं रोटी खाने जा रहा हूँ । पापा आ गए हैं । बाद में बात करता हूँ ।

< चल ठीक है ।

< ॥ ॥

< ॥ ॥

< और भाई राजेश, कैसा है तू ?

> अरे ,,अरे,, परावा इतने दिनों बाद ? क्या कर रहा है आजकल ?

< यहाँ से गुजर रहा था तो तुझे देख कर रुक गया । अपने शहर के कॉलेज में पढ़ाता हूँ । साथ-साथ में दुकान भी देख लेता हूँ । तूने भी तो करयाना ही शुरू कर लिया है । कितने साल हो गए इस काम को ?

> दस साल ।

< वाह ! काफी टाइम हो गया तुझे तो । बहुत तजुर्बेकार हो गया तू तो ।

> हाहाहा,,, ।।

< काम कैसा है ? भाभी और बेटी ? बेटी है न तेरी ?

> सब ठीक है । हाँ बेटी ही है । बाकी सच तो तू भी जानता ही है हम छोटे दुकानदारों का । सस्ता बेचे बिना काम नहीं चलता । कितना सस्ता बेचूंगा यारा ! घर के खर्चे नहीं निकलते । फिर भी भगवान की बहुत दया है । मालिक का शुक्र है ।

< मुझे तो लगता है भाई छोटे दुकानदारों को जल्दी नौकरियां ढूंढ़नी पड़ेंगी ।

> तू नौकरी छोड़ कर क्यों आ गया ? क्यों पंगे में फस गया ?

< राजेश, वो एक अलग कहानी है । ऐसा नहीं है की मैं नौकरी नहीं करना चाहता था । मैं करना चाहता था और मैंने उसके लिए बहुत कड़ी पढ़ाई भी की है । पर मेरे मन में एक ख्याल हमेशा आता था की इतने बड़े शहर में अपने माता-पिता को खुश कैसे रखूँगा ? मैं तो वहां पूरा दिन काम में व्यस्त रहूँगा और ये घर में ही कैद हो कर रह जाएंगे । फिर वहां भाषा की भी बहुत दिक्कत है भाई । एक महीने के बाद

परेशान हो जाएंगे और फिर वही जगह इनको काटने को दौड़े गी ।

> पर यार, यहाँ की हालत तो तू देख ही रहा है ।

< बात बस इतनी ही नहीं है यार । असल कारण मेरा नौकरी छोड़ने का कुछ और है ।

> और ?

< हाँ ।

> वो क्या ?

< आध्यात्मिकता ।

> आध्यात्मिकता ?

< हाँ यार । जब से ज़िन्दगी में आध्यात्मिकता का प्रवेश हुआ है और कुछ भी अच्छा नहीं लगता । जिस नौकरी के लिए इतनी मेहनत की वो एक ही झटके में छोड़ दी । दूसरा, घर वालों की नाराज़गी भी सहनी पड़ी । वो भी बेचारे इतने परेशान हैं । मुझसे उनकी परेशानी देखी नहीं जाती । मैंने बहुत कोशिश की उनको खुश करने की पर सब व्यर्थ हो गई ।

> तो फिर छोड़ी क्यों नौकरी ?

< भाई, तुम आध्यात्मिकता को नहीं चुनते । वो तुम्हें चुनती है । और जब वो तुम्हें चुनती है तो तुम वही काम करते हो जो दूसरों को बेवकूफी भरे लगते हैं ।

> किन्तु, आध्यात्मिकता ने तुम्हें ही क्यों चुना ?

< पता नहीं यारा । शायद मैं इसके काबिल हो गया हूँ ।

< ‖ ‖ ‖ ‖ >

4

हार-जीत की आशा

एक साल पहले २०१८ (2018)

< किस आशा से मैं ये काम करूँ ? सामने तो अन्धकार है । और तुम मुझे कह रहे हो अन्धकार में प्रकाश की किरण लेकर जाओ ! लोग तो शंका से भरे हुए है । मुझे ऐसे देख रहे थे जैसे मैं कोई ठग हूँ । जैसे मैं उनको झूठ बोल रहा हूँ । कुछ ने तो सीधा ही तिरस्कार कर दिया, यह कह कर " हमें क्या पता आप क्या पढ़ाने वाले हैं ? आप के पास कोई वैध्ता है ? आप जो पढ़ाना चाहते हैं हमें वो किताब दो ।"

> बस कोशिश करते रहो । जो वो कह रहे हैं उसे स्वीकार करो । उनके विचारों को बदलने की कोशिश मत करो । किसी को गलत मत कहो । सिर्फ अपने उद्देश्य पर ध्यान केंद्रित रखो । कोई भी आशा मत रखो ।

< कोई भी आशा मत रखूं ? ये कैसे मुमकिन है ? बिना आशा के मैं कोई काम कैसे कर सकता हूँ ?

> वैसे ही जैसे खाना खाने के लिए रोज सुबह उठते हो । क्या खाना खाने के लिए भी कोई आशा रखते हो ?

< तो क्या हम खाना जीवित रहने की आशा से नहीं खाते ?

> नहीं हम खाना इसलिए खाते हैं क्यूंकि हम भूखे हैं या फिर हमें वो खाना है । इसलिए नहीं की हम मरने वाले हैं ।

< मैं समझा नहीं ?

> आशा वहां होनी चाहिए जहाँ परिणाम चाहिए । जहाँ परिणाम ही नहीं चाहिए वहां आशा कैसी ?

< तो तुम कहना चाहते हो की मैं बिना परिणाम की कोशिश करूँ ?

> हाँ ।

< और इससे क्या फर्क पड़ जाएगा ?

> कुछ भी नहीं । बस तुम्हे कोई दुःख नहीं होगा । तुम परेशान नहीं होगे । तुम्हारी कोई हार नहीं होगी । वैसे ही जैसे तुम खाना खाते हो वैसे ही तुम्हे ये भी काम करना है । जब तुम कोई आशा रखोगे और वो पूरी नहीं होगी तो तुम दुखी होगे, चिंता करोगे ।

< ये कहना आसान है । पर करना बहुत मुश्किल । ये असंभव सा लगता है ।

> तो कोशिश करने में क्या है ? ज़िन्दगी बहुत बड़ी है । कोशिश करते रहो ।

< ‖ ‖

< ‖ ‖

< माँ, पेपर ख़त्म हो गए हैं सब बच्चों के । अब थोड़ा आराम है । एडमिशन की तैयारियां चल रही हैं । मेरी भी ड्यूटी लगाई है वहां । दो घंटे हर रोज ड्यूटी देनी होगी । इसके इलावा मुझे ट्रांसपोर्ट डिपार्टमेंट का भी इंचार्ज बना दिया है ।

> अच्छी बात है । दिल लगा कर काम करो । तुम्हारी बेहेन बता रही थी की प्रिन्सपल तुम्हारी बहुत तारीफ करतीं हैं !

< हाँ, मुझे भी कह रहे थीं ।

"मेरी बड़ी बेहेन, निधी मैडम, पिछले पांच साल से इसी कॉलेज में फैशन डिजाइनिंग पढ़ा रही हैं । उन्होंने ने ही ये विषय कॉलेज में लाया था । और फिर धीरे-धीरे बच्चों की एडमिशन भी इसमें बढ़ती गई । आज वो छह साल बाद हेड ऑफ डिपार्ट्मन्ट हैं कॉलेज में । दो बच्चों से बाईस बच्चे हो गए हैं आज उनकी क्लास में ।"

> पवन सर, ये एडमिशन में चल क्या रहा है ! हर टीचर अपने ही विषय में बच्चों को खीच कर ले जा रहा है ।

> सर, यहाँ ऐसे ही चलता है । आपको भी यही करना होगा । और ज्यादा से ज्यादा बच्चे अपनी तरफ खींचने होंगे ।

< सर, पर ऐसे तो टीचर्स में झगड़ा हो जाएगा ?

> सर, आपको बच्चों को अपनी तरफ खींचने के तरीके खोजने होंगे । इसमें कुछ गलत नहीं है ।

> पर, इस तरह तो बहुत असंतुलन बड़ जाएगा । कुछ विषय में ज्यादा बच्चे और कुछ में बिलकुल कम । जो नहीं फुसला पाया, वहां बिलकुल कम ।

< नहीं सर, ऐसी बात नहीं है । बच्चों पर कोई जबरदस्ती नहीं कर रहा है । टीचर्स बस अपने विषय की महत्ता बताते हैं बच्चों को । उसकी खूबियां बताते हैं । आगे बच्चों की मर्जी ।

> हाँ, ये तो मैं भी कर सकता हूँ ।

< ‖‖

< ‖‖

< और राजेश ! क्या चल रहा है दोस्त ? काम ठीक है ?

> हाँ नीरजांष । काम निकल ही आता है । तू बता कॉलेज और दुकान दोनों कैसे चल रहे हैं ?

< कॉलेज में तो यार अब छुट्टियाँ पड़ गई हैं । इस महीने सिर्फ दुकान पर ही ध्यान दे रहा हूँ । तनख्वाह भी इस महीने की नहीं मिलेगी ।

ऐसा इसलिए की मैं अभी गेस्ट लेक्चरर हूँ और मेरी नौकरी कच्ची है । और भी जो लेक्चरर कच्चा है, उन सब को छुट्टियों में तनख्वाह देनी बंद कर देते है और कॉलेज से उतने दिनों के लिए रिहा कर देते हैं ।

< अच्छा ! ये तो सही तरीका है पैसे बचाने का ।

> पता नहीं यार ।

< काम का क्या हाल है तेरे ?

> बस तेरे जैसे ही निकल जाता है । वेहला बैठ तो सोचा तुझ से मिल लूँ
। पर हम अपनी कमाई नहीं छोड़ते तेरे जैसे ।

< अरे भाई ! क्या बताऊँ ? अब तूने दुखती रग को छेड़ा है तो सुन ।
शहर में पिछले तीन-चार साल से कोई लोग संस्था बना कर सस्ते में
राशन बेच रहे हैं । एक तो मेरे बगल में ही दुकान खोल दी है । सौ रुपए
की सरसों के तेल की बोतल लातें हैं और एक सौ दो रुपए में बेच देते हैं
।

अब बता कौन ऐसे में हमसे राशन खरीदे गा ? और अगर मैं इतना
सस्ता नहीं बेचता हूँ तो घर कैसे चलाऊँगा ? अगर सस्ता नहीं बेचूँगा
तो ग्राहक उसके पास चला जाता है । वैसे भी ग्राहक को शिकायत करने
के सिवा आता ही क्या है !

> हाँ दोस्त । मेरे पिता जी ने भी इसके बारे में बताया था । और हमारे
भी बहुत से ग्राहक वहाँ चले गए हैं । और तेरे लिए तो बहुत बड़ी
मुश्किल खड़ी हो गई है । क्यूंकी तेरे तो बगल में ही है ।

< हाँ यार । ये सोचते हैं की हम लोगों को लूटते हैं । और ये उनके
मसीहा हैं । भगवान ही सच जानता है । जैसे-तैसे घर चल रहा है ।
उसकी बड़ी द्या है ।

> तुझे एक सलाह दूँ ! तू अपनी कमाई मत छोड़ । बाकी ग्राहक की
मर्जी । मैं तो ऐसे ही करता हूँ । मेरे पिता जी इस मामले में बिल्कुल
सही हैं । उन्होंने मुझे समझाया है की अपनी कमाई नहीं करोगे तो घर
खर्च कैसे चलाओगे ? इतने घर के खर्च हैं कहाँ से पूरे करोगे ?

उन्होंने कहा, "हम अपनी मेहनत लेते हैं । किसी को ठगते नहीं है ।
हक की कमाई कर रहे हैं ।"

मैंने उनको कहा, पिता जी समय के साथ बदलना जरूरी है । नहीं तो ग्राहक कहीं और चला जाएगा ।

उन्होंने कहा, "बेटे सब अपनी किस्मत का ही खाते हैं । ये तुम्हें लगता है की तुम सस्ता दोगे तो वो दुबारा तुम्हारे पास आएगा । उसको जहां से सस्ता मिलेगा वो वहीं चला जाएगा । इसीलिए अपनी कमाई करो ।"

मुझे तो उनकी बात ठीक लगी । हम तो एक छोटे से व्यापारी हैं । किन्तु जो शहर के बड़े-बड़े व्यापारी हैं उनका मुकाबला हम कहाँ से करें ? उन्ही से माल खरीद कर उन्ही से सस्ता कैसे बेचे ? मैं तो खुद बहुत परेशान हूँ । इस वजह से तो मेरी अपने पिता से बहुत बहस भी होती है ।

< भाई तू कर सकता है । क्यूंकी तेरे आस-पास कोई संस्था वाले नहीं है । पर मेरे तो बगल में ही है । तू जो बोल रहा वो मैं नहीं कर सकता । मैं नहीं बेच पाऊँगा । और तुझे भी यही सलाह दूंगा की समय रहते बदलाव करले ।

> नुकसान तो हमें भी हुआ है । हमारे भी बहुत सारे ग्राहक सस्ता बेचने वालों से खरीदने लगे हैं । शहर में एक और नयी मुश्किल खड़ी हो गई है ।

> वो क्या ?

< पूंजीवाद ।

> वो क्या है ?

< शहर में बड़े-बड़े मॉल खुल गए हैं । जो राशन बेचते हैं । जो की देश के बड़े-बड़े व्यापरिऑन की हैं । इन दुकानों में अक्सर सस्ते राशन की सेल लगी रहती है । इसी वजह से वहाँ लोगों की भीड़ भी लगी रहती है ।

> हाँ । मैंने भी ये देखा है ।

< अभी देख, बड़े-बड़े उत्पादक पहले अपना प्रोडक्ट या पेदावार बाजार में बेचते थे और फिर बाजार में एक प्रणाली से सब दुकानदार तक पहुंचता था । उत्पादक से डिस्ट्रिब्यूटर, डिस्ट्रिब्यूटर से व्होलएसेलेर, व्होलएसेलेर से रीटैलर । जो की हम हैं । किन्तु अब ऐसा नहीं है । अब सीधा उत्पादक अपनी दुकान खोल रहा है । वो बाजार में तो एक प्रणाली के माध्यम से तो बेचता ही है किन्तु साथ-साथ अपनी दुकान में भी बेच रहा है । जहां सेल में सस्ता मिलता है । एक ही उत्पादक की देश भर में हजारों दुकाने हैं । तो तू सोच सकता है की वो कितनी सेल करता होगा । और हम भी उन्ही से खरीदते हैं । और ग्राहक भी उन्ही से खरीद रहे हैं ।

> उत्पादक तो दूसरे प्रोडक्ट भी सस्ते में खरीद लेता होगा ?

< हाँ बिल्कुल । वो जो भी प्रोडक्ट बेचता है उसकी इतनी मात्रा खरीदता है की हम तो सोच भी नहीं सकते । इसीलिए उसको दूसरे प्रोडक्ट भी बहुत सस्ते में मिल जाते हैं । और वो वहाँ से भी बड़ा मुनाफा कमाता है । इतने कम दाम में की जो शहर के बड़े-बड़े व्यापारी हैं वो भी वहाँ से खरीदते हैं । और फिर हम अपनी दुकान में बेचने के लिए उन शहर के व्यापारी से लेते हैं ।

तो तू अनुमान लगा सकता है हमारा कद क्या है उनके सामने । समझा कुछ ?

> हाँ यार । समझा । पता नहीं आगे क्या होगा । जो है अब यही है ।

< ।। ।।

< ।। ।।

< पिता जी, आप समान मंगाते क्यूँ नहीं हो ? ग्राहक जब आता है तो कह देते हो "नहीं है" । उनके मांगने से पहले ही क्यूँ नहीं रख लेते ?

> बेटे, "मुझे पता है" । वो एक-दो ग्राहक ही होते हैं । वैसे भी समान पड़ा-पड़ा पुराना हो जाता है ।

< मुझे तो इतने दिन हो गए देखते-देखते । ग्राहक जब आता है तो आप कह देते हो "नहीं है" । आप समान रखोगे तो ग्राहक कहीं और क्यूँ जाएगा ? जब ग्राहक को पता है की यहाँ कुछ मिलता ही नहीं है तो वो यहाँ क्यूँ आएगा ?

> बेटे, जो तुम कह रहे हो मैंने ऐसे बहुत बार किया है और समान पड़ा-पड़ा पुराना हो जाता था और फिर ग्राहक लेने से मना कर देता था ।

< वो इसीलिए की आप पूरा समान नहीं रखते हो । अब दुबारा रखो । इस बार पुराना नहीं होगा । पर अगर समान रखना ही बंद कर दोगे तो दुकान ही बंद हो जाएगी ।

> ठीक है ।

< ।। ।।

< ।। ।।

< पिता जी, सरसों के तेल का पता किया ? सिर्फ एक ही बोतल बची है अपने पास । ग्राहक आ गया तो मुश्किल हो जाएगी ।

> तुम रोज-रोज एक ही बात क्यूँ बोलते रहते हो ?

< पिता जी, क्यूंकी एक ही बोतल है अपने पास ।

> मैंने दो दिन पहले पता किया था ना ? और उन्होंने कहा था की अभी उनके स्टॉक में नहीं है ।

< पिता जी, आज आ गई होगी । पता तो करो ।

< यार, तुमने ना मेरा दिमाग खराब कर दिया है । मैं तंग हो गया हूँ ।

> पिता जी, आप मुझसे धीरे बात करो ।

< तुम भी अपने बोलने के लहजे पर ध्यान दो । खुद को देखा है कभी बोलते हुए । तुम्हें कुछ पता नहीं चलता जब तुम बोलते हो । जब मैंने एक बार कह दिया अभी नहीं आया है तो तुम बार-बार क्यूँ कह रहे हो ?

> पिता जी, क्यूंकी मैं नहीं चाहता की ग्राहक वापिस चला जाए ।

< मुझे भी फिक्र है ग्राहक की । तुम अकेले नहीं हो ।

> अगर होती तो पूछ लिया होता अभी तक ।

< मेरा दिमाग मत खाओ ।

> ठीक है । मैं जा रहा हूँ । खुद संभाल लेना दुकान ।

< ठीक है । जाओ । आगे तो जैसे तुम ही संभालते आए हो !

“परेशान हो गया हूँ मैं इनसे । मुझे शांति चाहिए । अकेला समय बिताना चाहता हूँ । इन सबसे दूर । दिमाग खराब कर दिया है मेरा ।

कोई फिक्र ही नहीं लगती इनको दुकान की । ठीक है जो बीत गया सो बीत गया । नौकरी छोड़ी मैंने । मेरी मजबूरी थी । जो मैं नहीं समझा पा रहा हूँ । पर ये हैं हैं की उस बात को छोड़ ही नहीं रहे हैं । बार-बार एक बात बोलते रहते हैं । तुनमें नौकरी छोड़ कर पूरा काम चॉपट कर दिया ।

तेरी वजह से दुकान ऐसी हो गई है ।

कमाल है !

मैंने नौकरी छोड़ी । किन्तु दुकान करनी आपकी जिम्मेदारी है । वो मैंने कैसे खराब कर दी । मैंने तो आपसे पैसे भी नहीं मांगे । कोशिश की जितना मेरे पास है उतने में ही गुजारा करूं । दुकान को ये संभाल नहीं पाए । और दोष मुझे दे रहे हैं । हर बात पर उपेक्षा करते हैं । अगर कुछ बोलो तो साफ मना कर देते हैं । जैसे मेरा कोई मूल्य नहीं है । मैं हूँ ही नहीं वहाँ । मैं फालतू हूँ ।

दुकान की हालत ऐसी कर दी है की कोई भी ग्राहक आ ही नहीं रहा । हद होगी यार । मुझे साफ दिख रहा है मुश्किल क्या है । कारण क्या है । और वो है की मुझे दोष देने के सिवा कुछ देख ही नहीं पा रहे । दुकान की बैंड बजाने में लगे हुए हैं ।

अगर नहीं हो रही दुकानदारी तो छोड़ दो । वो भी नहीं । “मुझे सब पता है, मुझे सब पता है” । बस यही जपते रहते हैं । कोई इतना गैर-जिम्मेदार कैसे हो सकता है ? अपने गुस्से में अपनों को ही नुकसान पहुंचाने में लगे हुए हैं ।

पूरा दिन बस राजनीति-राजनीति । जैसे इनके सिवा भारत और हमारे शहर का विकास ही नहीं होगा । कमाल है !

इनके साथ वालों ने अपना काम इतना बड़ा कर लिया है । मुझे तो हैरानी होती है यह देख कर । मेरे पिता को हो क्या गया है ?

जिन्हों ने ये दुकान अपने भाई के साथ मिल कर खड़ी की । आज वो दुकान को खाली करने में लगे हुए हैं । उनको यह दिख क्यूँ नहीं रहा की उनके ग्राहक उनसे खुश नहीं हैं ?

घर पैसे से चलता है । चिंता से नहीं । पूरा बाजार ताने देता है "तेरे पापा ने दुकान खराब कर दी" । और ये वो देख ही नहीं पा रहे । हद हो गई । इतना घमंड ।

क्या भगवान ! मेरी नौकरी क्यूँ छीन ली ? आध्यात्मिकता की जरूरत तो मेरे पिता जी को है । उनको तो यह भी नहीं दिख रहा की उनकी दुकान डूब रही है ।

मन कर रहा है की सब छोड़ कर चला जाऊं । जब हाथ ही बांध दिया तो फिर क्या कर सकते हैं । ठीक है फिर । जो होगा देखा जाएगा । दुकान डूबती है तो डूबे ।

जब मुझपे विश्वास ही नहीं करना तो फिर पढ़ाया क्यूँ ? माता-पिता अपने बच्चों पे विश्वास क्यूँ नहीं करते ?

मेरे पिता की मैं मदद करना चाहता हूँ और वो हैं की मुझे अपना दुश्मन समझ बैठे हैं ।

ठीक है फिर, सब डूबेंगे ।

अब किसका फोन आ गया ?

माँ का फोन ।

क्या है माँ ?

कहाँ हो तुम ?

माँ क्या काम है ?

अभी के अभी घर आओ ।

माँ मैं नहीं आऊँगा ।

अभी घर आओ । तुम्हारे पिता जी ने मुझे सब बता दिया है । तुरंत घर आओ । नहीं तो मैं बाहर आ रही हूँ ।

माँ मुझे नहीं आना घर ।

चलो आओ । खाना खाओ आकर ।

माँ आप खा लो । मेरा मन नहीं है ।

अभी घर आओ । नहीं तो मैं बाहर आ रही हूँ ।

अच्छा आता हूँ ।"

< अपने पिता से ऐसे बात करते हैं ?

> माँ, एक ही बात बोलते रहते हैं । "तूने नौकरी छोड़ कर सब खराब कर दिया" । मा, मैं कोई फिक्स्ट-डिपाज़ट हूँ ? या कोई ए टी म ? मा, मैं नहीं जाऊंगा दुकान पर । इनको मेरी जरूरत नहीं है । तो मेरा कोई

जाने का फायदा ही नहीं है ।

< अपने पिता से कोई ऐसे बात करता है ? वो भी दुकान में, बाजार के बीचों बीच । सब देखते होंगे तो क्या सोचते होंगे ? बेटे वो तुम्हारे पिता हैं । अगर वो कुछ बोल रहे हैं तो सुन लो । गुस्सा करने की क्या बात है ? उनको दुकानदारी की तुमसे बेहतर समझ है ।

पता है उन्होंने कितनी मुश्किल से तुम्हें पढ़ाया है ? वो तो यही सोच कर बैठे थे की अब उनका लड़का सेट हो गया है । इसीलिए उन्होंने दुकान पर ध्यान देना छोड़ दिया । फिर तुमने जो किया उसने हम सबको मुश्किल में डाल दिया ।

अभी तक तुम्हारा लोन भी नहीं उतरा है । तुम्हारा छोटा भाई, अंकुर, भी तुम्हारा लोन उतार रहा है ।

चलो अब खाना खा लो । और दुकान पर जाओ । मिल कर दोनों काम करो । तुम्हारे पिता को तुम्हारी हिम्मत की जरूरत है और तुम्हें उनके तजुर्बे की ।

< ‖‖

< ‖‖

< बतरा भाई ! किसी काम का नहीं हूँ मैं ।

> क्यूँ ! अब क्या हो गया तुझे ?

< यार, अपने घर वालों को मैंने मुसीबत में डाल दिया है । मेरा लोन जो की मुझे उतारना चाहिए था वो भी मैं उतार नहीं पा रहा हूँ । गले का ढोल बन गया है ये लोन । सोचा था की इस नए रास्ते पर कोई उम्मीद

मिलेगी । किन्तु यार, सिर्फ अपना खर्च ही मुश्किल से निकाल पा रहा हूँ । मैं अपने माता-पिता की परेशानी ही दूर नहीं कर पा रहा हूँ । कैसा बेटा हूँ मैं ? दूसरों की परेशानी दूर करने चला था अपनी ही दूर नहीं कर पा रहा हूँ ।

यार, समझ में नहीं आ रहा कहाँ से पैसे लाऊं ? हर कोशिश कर ली पर पैसा है की आता ही नहीं ।

कभी-कभी तो समाज पे गुस्सा आता है । सब के सब स्वार्थी लगते हैं । सस्ते के पीछे भागने वाले । जब इनके पास पैसा नहीं होता था तो हमसे उधार राशन लेते थे । और अब जब पैसा आ गया है तो जहां से सस्ता मिले वहाँ से लेते हैं । स्वार्थी कहीं के । मतलबी कहीं के ।

और ये सब ग्राहक एक ही दुकान पे क्यूँ भीड़ लगा लेते हैं ? बाकी दुकान वाले भी तो हैं बाजार में । हम कोई भिखारी हैं क्या ? पूरा दिन बैठे रहो की कब ये आएंगे और हम पर अपनी दया करेंगे ।

कैसे हालातों को बदलूं यार ? ये सोच-सोच कर माइग्रैन होने लग गया है । कहाँ से पैसा लाऊं ? ये लोन तो सर का दर्द बन गया है ।

> भाई तू भी सस्ता समान लेकर उसको सस्ते में बेच अपनी दुकान पर । या कुछ महीनों के लिए अपनी कमाई कम कर दे । अपना राशन पॅकिंग करके बेच । और उस पॅकिंग पर अपनी दुकान का लेबल लगा । राशन की वराइटी बड़ा दे । देख भाई, रिस्क तो लेना ही पड़ेगा । राशन खराब होता है तो हो पर तू राशन की वराइटी बड़ा ।

< ठीक है । वैसे मैंने एक और बात भी नोटिस की है ।

> वो क्या ?

< ग्राहक आजकल दुकानों की सुंदरता पर बहुत ध्यान देते हैं । जो दुकान नई, बड़ी और सुंदर होगी, वहाँ बहुत भीड़ होती है ।

> हाँ । ये तो सच कहा ।

< पता नहीं यार । कभी-कभी तो लगता है अपनी किस्मत ही खराब है ।

> तू भी मॉल देख कर आ । उनकी नकल कर ।

< भाई, जो तू बोल रहा है । मैं वो सब कर चुका हूँ । और यहाँ अभी भी लोग इतने नहीं बदलें हैं । उससे भी बड़ी मुश्किल ये है की मेरे पिता नहीं बदल रहे । जब वो बदल जाएंगे तो सब ठीक हो जाएगा । मेरे पिता अभी भी पुराने तरीके से व्यापार करते हैं । मैंने उन्हे कहा तो है । पर हमेशा हमारा झगड़ा ही हो जाता है ।

< कुछ महीनों बाद >

< सारी बोतलें लीक कर रही हैं पिता जी ।

> कैसे !

< चूहा काट गया लगता है ।

> तुझे मैंने कहा था की बोतलों को बाहर खानों में मत रख ।

< पिता जी, तो सारा समान कहाँ रखूँ ? सब समान अगर खानों में नहीं रखूँगा तो सारी दुकान खाली लगेगी । मैंने आपको कहा था की इनकी मुरम्मत करवालों । खिरकी बनवा लो । चूहे से सारा समान बच जाएगा । देखो कितना नुकसान हो रहा है ।

> ठीक है । बुला लो मिस्त्री को ।

< ठीक है ।

< एक हफ्ते बाद >

< कितनी सुंदर लग रही हैं खिरकियाँ । अब हमारा सारा समान
सुरक्षित है । और दुकान भी सुंदर लग रही है ।

> अभी एक और काम करना है ।

< वो क्या पिता जी ?

> कुछ प्लास्टिक के बड़े-बड़े केन लाने हैं । चावल, दाल, मसाले सब
उसमे रखेंगे । उससे हमारा राशन सुरक्षित और साफ रहेगा ।

< वाह ! खुश कर दिया पिता जी ।

> और दुकान का बाहर वाला फर्श भी सही करवाना है । मिस्त्री को बुला
लेता हूँ ।

< क्या बात पिता जी । अब हमारा व्यापार भी भागेगा ।

5

गुरु

दो साल पहले २०१७ (2018)

< तुमने सही कहा था । गुरु की जरूरत के बारे में । अब मुझे कुछ-कुछ समझ में आ रहा है !

उनके उपदेश बहुत ही प्रभावशाली है । जैसे-जैसे मैं उनकी बातों को सुनता हूँ । मैं उसमे और डूबता जा रहा हूँ ।

जैसे-जैसे मैं उनकी बातों पर अमल करता हूँ, वैसे-वैसे एक भोज सा सर से उतरता जा रहा है । एक बड़ी मुश्किल परंतु सरल बात समझ में आई आज ।

> वो क्या ?

< मैं जैसे ही गुस्से में आता हूँ तो मैं खुद को दोष देने लगता हूँ । और इससे मुझे एक अजीब सा सुकून मिलता है ।

पहले ऐसा नहीं था । पहले मैं अपने गुस्से की वजह दूसरों को समझता था । किन्तु अब नहीं ।

इससे बहुत शांति मिल रही है । पहली बार समझ में आया की अपने अंदर झाकना क्या होता है । बड़ा ही खूबसूरत एहसास है ये । इससे मेरे अंदर विनम्रता भी बड़ गई है ।

कोई जादू सा लगता है । जैसे अंदर कोई रहस्यमयी सिड़ी है और मुझे वो मिल गई है और मैं उसपे पहला कदम रख चुका हूँ ।

और मुझे अब इसपे ऊपर चड़ते जाना है ।

मेरी एकाग्रता भी बड़ रही है । पहले मैं ध्यान में बैठ नहीं पाता था । और अब मेरा मन करता है मैं ध्यान में ही बैठा रहूँ ।

पहले मुझे लगता था की ध्यान में बैठने भर से मेरी सारी समस्या दूर हो जाएंगी । पर ऐसा बिल्कुल भी नहीं है । मेरी समस्या तो गुरु के उपदेश का पालन करने से सही हो रही हैं । कर्म करने से सही हो रही हैं ।

दो साल बाद २०२० (2020)

< माँ, इस बार सर्दियों में अच्छी बिक्री हुई है । अच्छा ग्राहक आने लग गया है अब दुकान पर । अब मैं संतुष्ट हूँ । अब मुझे दुकान की कोई चिंता नहीं है । पता है माँ, ग्राहक अब अपने आप ही खीचा चला आता है ।

> ये तो बहुत खुशी की बात है, बेटा ।

< हाँ माँ । माँ, ताऊ जी भी आए थे दुकान पर । वो भी देख कर बहुत खुश हुए । कह रहे थे, "अब सुंदर लग रही है दुकान" ।

> ये तो बहुत अच्छी बात है ।

< माँ, बहुत बड़ी टेंशन खत्म हुई है । अब जो भी कमियाँ थी दुकान में और हममें, सब दूर हो गई हैं । एक साल लग गया माँ । मेरे और पिता जी में बहुत झगड़े भी हुए । किन्तु अब सब ठीक है । अब तो पिता जी भी खुश लग रहे हैं ।

> चलो, भगवान का लाख-लाख शुक्र है ।

< जी माँ ।

< ॥ ॥

< ॥ ॥

< माँ, मैं राजेश से मिलने जा रहा हूँ । थोड़ी देर में आता हूँ ।

< राजेश यार, एक टेंशन तो दूर हो गई है । पर जो मैंने शुरू किया था- काउन्सेलिंग- जिसकी वजह से मैंने अपनी नौकरी छोड़ दी थी, उस

काम को आगे बड़ाने की चिंता लगी हुई है ।

> कौन सा काम ?

< यार, बच्चों को पढ़ाना मुझे बहुत अच्छा लगता है ।

> तुम पढ़ाते क्या हो यार ?

< मैं फिलासफी पढ़ाता हूँ यार ।

> ये होती क्या है ?

< इसमे नैतिक विज्ञान, तत विज्ञान, और बोधिक विज्ञान (लॉजिक) जैसे विषय होते हैं । मैं नैतिक विज्ञान विषय में दिलचस्पी रखता हूँ । इस विषय में इंसान की सुंदरता को निखारने की कोशिश की जाती है । उसके गुणों पे रोशनी डाली जाती है ।

> अच्छा । तो तू उनको उनकी सुंदरता बताता है ?

< नहीं यार । मैं तो उनको बस जीवन की चुनौतियों के बारे में बताता हूँ । जीवन की हकीकत के बारे में बताता हूँ । उनकी जिम्मेदारियों के बारे में बताता हूँ । ये सब विषय उनकी ताकत, सुंदरता और गुणों को प्रभावित करते हैं । उनके विचारों को प्रभावित करते हैं ।

तुम किसी को सही और गलत नहीं समझा सकते । उसने वही करना है जो उसने करना है । बस तुम उनको जागरूक कर सकते हो सच्चाई बता कर । बाकी उनकी मर्जी ।

> हाँ यार । मैं भी सच्चाई में विश्वास रखता हूँ । जो उपदेश ग्रंथों में दिए गए हैं, मैं उनको रोज पड़ता हूँ । उन पे विश्वास करता हूँ । और सच कहूँ तो उसकी वजह से बहुत खुश भी रहता हूँ ।

थोड़ी-बहुत टेंशन होती है । पर उस ईश्वर पर विश्वास है । घर और दुकान की सारी चिंताऐं उस पर छोड़ देता हूँ ।

< मैं हैरान हूँ ! तू भी आध्यात्मिक है । मैंने सोचा नहीं था । तुझसे बात करके बहुत अच्छा लग रहा है ।

> तू भी अपनी सारी चिंताऐं छोड़ दे अब । भ्रमित मत हो । अगर तू बच्चों की काउन्सेलिंग करेगा तो दुकान को संभालेगा ?

< हाँ यार । वही तो समस्या है । बड़ी मुश्किल से दुकान ठीक हुई है ।

> तो यार समस्या क्या है ?

< यार तू समझ नहीं रहा । आध्यात्मिकता ने मुझे चुना है । उसका कुछ तो कारण होगा ? मुझे तो लगता है बच्चों को पढ़ाना ही वो कारण है । पर अगर ऐसा ही होता तो फिर मुझे घर वापिस क्यूँ भेजा ? यार, कुछ समझ में नहीं आ रहा ?

> भाई, तू भ्रमित है । तू कुछ ज्यादा ही सोच रहा है । तू सिर्फ अपनी दुकान पर ध्यान दे ।

< किन्तु यार, ये भक्ति का क्या करूँ ? बच्चों को पढ़ाना ही मेरी भक्ति है । इसके बिना मैं परेशान हो जाता हूँ । इसको ही छोड़ दूंगा तो जीवन से शांति चली जाएगी ।

जब मैं बच्चों को पढ़ाता हूँ तो ऐसा लगता है जैसे मैं अपना उदेश्य पूरा कर रहा हूँ । समाज को बेहतर बनाने का उदेश्य । बच्चों को बेहतर बनाने का उदेश्य । इसमे मुझे सुकून मिलता है । आध्यात्मिक उन्नति होती है मेरी ।

> माँ-बाप की सेवा का क्या ? उनका तुझपे कोई हक नहीं ?

< यार, उनको मैं बहुत परेशान कर चुका हूँ । उनकी खुशी के लिए ही तो मैं चाहता था की मैं उनको घर से दूर बड़े शहर में ना लेकर जाऊं ।

> हाँ, तो फिर यही समझ ले की आध्यात्मिकता तुझे वहाँ से बाहर निकाल कर तेरे माँ-बाप के पास लाना चाहती थी ।

< पर यार, वो तो उल्टा नाराज ही हो गए मुझसे । मैंने उनको बहुत समझाया की भगवान की यही मर्जी है । पर वो हैं की समझते ही नहीं हैं । एक साल बाद जाकर अब हालात थोड़े बदले हैं ।

> समय के साथ-साथ सब ठीक हो जाएगा । माँ-बाप की सेवा कर । वही भक्ति है ।

< शायद तू सही कह रहा है भाई । शायद भगवान की भी यही मर्जी है । चल अब मैं घर चलता हूँ । बहुत देर से फोन कर रहे हैं घर वाले । तेरा बहुत-बहुत धन्यवाद मेरे दोस्त । मेरी बहुत बड़ी टेंशन अब कम हुई है ।

< ॥ ॥

< ॥ ॥

< मॉर्निंग पवन सर । कैसे हो आप ?

> मॉर्निंग सर । आपकी बहुत कृपा है ।

< आज मौसम बहुत अच्छा है । सर्दियाँ जा रहीं है और गर्मी आने वाली है । ये जो बीच में बदलाव है कितना खूबसूरत होता है ।

> हाँजी सर । बहुत ही सुंदर होता है ये ।

< सर, मेरे विषय में तो इस बार बच्चे बहुत कम आए हैं । ना के बराबर
ही हैं ।

> नीरजांष जी, मेरे विषय का भी यही हाल है । सिर्फ दो-तीन बच्चे ही
हिन्दी विषय में हैं ।

< मेरे तो सर, जो पुराने बच्चे थे वो भी छोड़ कर चले गए हैं । कहते हैं
पैसों की कमी की वजह से वो आगे नहीं पढ़ सकते ।

> सर, किन्तु कोई तरीका ही नहीं है अड्मिशन का । बच्चा जो भी
विषय माँगता है उसको वही दे रहे हैं ।

< सर, आपने ही तो कहा था की "बच्चों के साथ जबरदस्ती भी तो नहीं
कर सकते" । बच्चा जो विषय माँगता है लेक्चरर उस को उसके साथ
मेल खाते और भी विषय बता देते हैं । फिर वो अगर रखना चाहे तो
रखता है । बदलना चाहे तो बदलता है । मैं भी पहले इसी बात से
परेशान था । लेकिन अब जब सोचता हूँ तो जो हो रहा है वही सही है ।

> हाँ जी सर । चलो सर, असेंबली होने वाली है । वहाँ चलते हैं ।

< चलो सर ।

< ॥ ॥

< ॥ ॥

< कुछ देर बाद >

< पंकज सर, ये बाजार में स्पीकर कैसा बज रहा है ? किस बात का ढिंढोरा पीट रहे हैं ये ।

< पता नहीं सर ।

> आओ बाहर चलते हैं ।

> हाँ चलो सर ।

< पंकज सर, ये तो कर्फ्यू लगने की बात कर रहे हैं । बोल रहे हैं, "सरकार ने तुरंत कॉलेज, दुकानें, रेसतुआरेन्ट, स्कूल सब कुछ बंद करने को कहा है । महामारी से बचने के लिए सरकार ने सब को घर से बाहर निकलने से मना किया है । कोई जरूरी आवश्यकता हो तभी घर से बाहर निकले । सरकार जल्दी ही आम जनता की जरूरतों को ध्यान में रखते हुए जो भी आवश्यक वस्तुएं हैं उपलब्ध करवाएगी ।"

> मतलब, कॉलेज आज से बंद ? और फिर कब खुलेगा ?

< पता नहीं सर । घर जाकर न्यूज देख कर सब पता चलेगा ।

> चलो सर, प्रिन्सपल मैडम को चल कर बता देते हैं ।

< हाँ चलो सर । मुझे तो दुकान भी संभालनी होगी । जल्दी चलते हैं ।

< ॥ ॥

< ॥ ॥

< पिता जी, दो दिन से दुकान बंद है । कोई सरकारी आदेश आए है क्या दुकान खोलने के ?

> हाँ बेटे । आज ही आए हैं । पुलिस स्टेशन से पास बनवाने पड़ेंगे । वो पास लेने के बाद ही हम कुछ घंटों के लिए दुकान खोल पाएंगे ।

< ठीक है पिता जी तो चलो पुलिस स्टेशन चलते हैं ।

> नहीं बेटे । उसकी जरूरत नहीं पड़ेगी । मुझे पहले नवनीत जी से पूछने दो । शहर में और भी किसी को जिम्मेदारी दी होगी इसकी ।

< ठीक है पिता जी ।

< कुछ देर बाद >

< पास बन गया बेटे ।

> सच में ! हाँ बेटे ये देखो । मुझे फोन पे ही भेज दिया है उन्होंने ।

< दिखाओ । चलो अब चलते हैं दुकान पर । और अपने सब ग्राहकों को बता दो पिता जी ।

> हाँ । मैं अभी बता देता हूँ ।

< ॥ ॥

< ॥ ॥

< हाँ जी ! आप को पता नहीं है की कर्फ्यू लगा हुआ है ? आप बाहर क्या कर रहे हैं ?

> पुलिस अंकल, मैं दुकान खोलने आया हूँ । मैंने पास ले लिया है ।

< दिखाओ मुझे पास ।

< हाँ जी । ये देखो ।

> ठीक है । जाओ और दुकान का शटर पूरा मत खोलना ।

< मतलब ?

> मतलब की आधा ही ऊपर रखना है ।

< ठीक है अंकल ।

< पिता जी, ऐसे ही बैठना पड़ेगा । बाहर का तो कुछ भी दिखाई नहीं दे रहा । आधा शटर उठाने को बोला था । अब वो भी नीचे करवा दिया है ।

> एक काम करते हैं बेटा । मैं दुकान के बाहर बैठ जाता हूँ । कोई भी ग्राहक आएगा तो मैं तुम्हें आवाज दे दूंगा ।

< ठीक है पिता जी ।

< ॥ ॥

< ॥ ॥

< बतरा, तैयार है फिर आज रात को थाली बजाने के लिए ?

> हाँ यार । पर इससे होगा क्या ?

< मैं पक्का तो नहीं कह सकता । पर मैंने कहीं देखा है की बुराई को वक्ष में करने के लिए ध्वनि की जरूरत होती है। शायद इसीलिए हमें ऐसा करने को कहा जा रहा है ।

> अच्छा । हम्म !

< ॥ ॥

< ॥ ॥

< नीरजांष !

> हाँ अंकुर । क्या हुआ ?

< यार, मैं अभी बाजार से आ रहा हूँ । तू हैरान हो गा सुन कर । पूरा बाजार खुला हुआ है ।

> क्या ?

< हाँ और आठ बजे बंद भी हो जाता है । तू भी खोलता क्यूँ नहीं है, सुबह-सुबह ?

> सिर्फ दो घंटे । पर हमारे पास में तो सुबह नौ बजे का टाइम लिखा हुआ है । मैं पहले कैसे खोल दूँ । ये तो गलत होगा । और पुलिस वाले उनको कुछ कहते क्यूँ नहीं ?

< पता नहीं भाई । तू भी खोल । बहुत भीड़ होती है बाजार में । पूरे दिन की कमाई दो घंटों में हो जाएगी ।

> पर ये गलत है । गैर-कानूनी है । मैं गलत काम नहीं करूंगा । पुलिस वालों को सबको रोकना चाहिए ।

< किस-किस को रोकेंगे वो ? एक खोलता है तो बाकी सब भी खोलने लगते है उसे देख कर । सब अपनी दुकान के बाहर ही खड़े रहते हैं । जब पुलिस इधर-उधर होती है तो खोल देते हैं और अंदर से शटर गिरा देते हैं । और अब तो पुलिस भी कुछ नहीं बोल रही ।

> अगर मैं ही कानून तोड़ूँगा तो दूसरों से बदलने की उम्मीद कैसे कर सकता हूँ । खुद गलत करो और दूसरों को सही-गलत का उपदेश दो । वाह ! कमाल की बात है ।

< भाई, सबकी मजबूरी है । उनकी मजबूरी भी तो समझ । बाकी तेरी मर्जी । मैंने तुझे बोलना था बोल दिया ।

"अंकुर मेरे स्वरगिए चाचा जी का बेटा है । मेरे चाचा जी को गुजरे दस साल बीत चुके हैं । हम एक साथ एक ही घर में रहते हैं । एक ही व्यापार है । एक ही रसोई है । हम जो भी खर्च करते मिल कर करते हैं । एक दूसरे की हर मदद करते हैं । दुख-सुख में एक दूसरे के साथ खड़े रहते हैं । अंकुर को बैंक में काम करते पाँच साल हो गए हैं । वो भी मेरा लोन चुकाने में मेरी मदद कर रहा है । उसकी माँ जो मेरी चाची हैं, उनका नाम सुद्धा है । उन्हे खाना बनाना बहुत पसंद है । कुछ व्यजन तो बहुत ही स्वादिष्ट बनाती हैं । वो मुझसे बहुत प्यार करती हैं । किन्तु हमारी अक्सर बहस होती रहती है ।"

< आंटी जी ! नमस्ते ।

> नमस्ते बेटा ।

< बीबी जी, आज सुबह-सुबह राशन लेने आ गए । अभी तो मैं सो ही रहा था ।

> बेटे, सुना की बाजार पूरा खुल जाता है सुबह-सुबह ही । तो सोचा की राशन ले आती हूँ । बेटे, तुम भी सुबह खोल लिया करो दुकान । सब तो खोल रहे हैं ।

< हाँ जी । मुझे भी लग रहा है । वैसे भी मेरा पास खत्म होने वाला है । वैसे बीबी जी, इन सब की मजबूरी भी तो है । हम तो फिर भी दुकान

खोल लेते हैं । किन्तु ये सब नहीं खोल पाते । फिर रोज का दूध-सब्जी का भी तो कितना खर्चा है ।

> हाँ, सही कहते हो । लोग भी क्या करे !

< सरकार तो अपना निर्णय ले लेती है । और फिर हम सबको अपने हालातों में छोड़ देती है । लोग कैसे गुजारा कर रहे हैं उनको उससे कोई मतलब ही नहीं है । अगर कोई मतलब होता तो कोई व्यवस्था तो होती उनके लिए कुछ ?

> हाँ बेटे । मेरे गाँव का सरपंच अपने गाँव के सिर्फ दस-पंद्रह घरों में ही राशन देता है । क्यूंकी वही उसे वोट करते हैं । मुझे तो अभी तक कोई राशन नहीं मिला । मेरी पेंशन आ रही है । उसी से हमारा घर चल रहा है । ये दो-दो पोते भी पढ़ाई छोड़ कर मजदूरी कर रहे हैं । इनका पापा भी मजदूरी करता है । क्या करें बेटा घर का खर्च भी तो निकालना है ।

> बड़े दुख की बात है । इन हालातों में भी ये मंत्री भेदभाव और अपने फायदा का सोच रहे हैं । शर्म आती है । सरकार गरीबों के बैंक खातों में कुछ पैसे डाल रही है और मुफ़्त राशन दे रही है । लेकिन अगर सरकार को लगता है की ये सब करने से उनकी जिम्मेदारी पूरी हो गई है तो फिर लोग तो दुकाने खोले गे ही । फिर चाहे उन्हे जैसे मर्जी खोलनी पड़े ।

< ॥ ॥

< ॥ ॥

< एक महिना हो गया । पता नहीं कब जाएगी ये महामारी ? कब खुलेगा कॉलेज ? हैरानी होती है की ऐसा भी हो सकता है । महामारी ! कमाल है । सब कुछ एकदम बदल गया है । बतरा से बात करता हूँ ।

बतरा तेरे काम का क्या हाल है ?

तेरा तो माल ही खत्म हो गया होगा ?

> हाँ भाई । एक महिना बीत गया जैसे-तैसे । किन्तु अब तो माल ही खत्म हो गया है । और ये महामारी है की जाने का नाम ही नहीं ले रही ।

< हाँ यार । यहाँ भी बहुत बुरा हाल है लोगों का । खास कर मजदूर, रीक्शा वालों का । मैं भी बस खाली बाजार को देख कर पूरा दिन बिता रहा हूँ । किसी का फोन आए तो उसके घर में राशन छोड़ आता हूँ । लोग भी हड़बड़ा गए हैं । सुनने में तो यह भी आया है की लोग तीन महीनों का राशन एक साथ ले जा रहे हैं । कहीं राशन ना खत्म हो जाए इस विचार से सब हड़बड़ा कर दुकान से तीन महीनों का राशन लेकर जा रहे हैं ।

किन्तु मैं तो मजदूर और रिक्शे वालों के बारे में सोच रहा हूँ । वो कैसे खाना खाते होंगे ? कहाँ से खाते होंगे ?

> सुना तो है सरकार राशन बाँट रही है । अब तक तो शुरू भी हो गया होगा अभियान । सरकार कुछ पैसे भी दे रही है उनको मदद के लिए ।

< हाँ । यहाँ कुछ संस्था भी हैं जो गरीबों को खाना खिलाती हैं । उन्होंने हम सब दुकान वालों से चन्दा इकट्ठा करके मंदिर में रसोई लगाई है । वहाँ से सब जरुरतमन्द के घर में गरम-गरम खाना भेज रहे हैं । कभी-कभी मैं सोचता हूँ की मैं कितना स्वार्थी हूँ और लोगों में कितनी दया है, भक्ति है । मैं सिर्फ अपनी दुकान के बारे में चिंता कर रहा हूँ । और संस्था वालों को सबकी चिंता है । कितना महान काम है ।

> हमारे यहाँ दान देने वालों और सेवा के काम को अंजाम देने वालों की कमी नहीं है । बहुत खूबसूरत देश है मेरा ।

< हाँ । वो तो है । बड़चड़ कर सेवा करते हैं लोग ।

> पर यार कुछ भी बोल । मुझे घर पर बहुत मजह आ रहा है । पूरा दिन बस मूवीज ही देखता रहता हूँ । और पहले घर वालों के लिए भी टाइम कहाँ होता था । अब वो भी है ।

< हाँ । मैं भी पूरा दिन मूवीज ही देखता हूँ । बहुत मजह आ रहा है । कितने किस्मत वाले है हम । तुझे मैंने एक बार बोला था ना "की मेरी किस्मत कितनी खराब है ।" याद कर ! जब मैं ग्राहकों की कमी की वजह से परेशान था । और हम क्या-क्या नहीं सोचते थे । ऐसा करना चाहिए । वैसा करना चाहिए । शायद ऐसा करेंगे तो दुकान पर ग्राहक बड़ जाएंगे ।

पर वैसा कुछ भी नहीं है ।

मैंने सीखा है की समय के साथ खुद को बदलने से ही हालात बदलते हैं । कमी हममें थी । इसी वजह से मैं परेशान था । मेरे पिता जी जब बदलने लग गए तो सब ठीक होना शुरू हो गया । अब उनका गुस्सा शांत हो गया है । मुझे ऐसा लगता है । और इसीलिए वो ग्राहक की तरह सोच रहे हैं ।

> ये तो बड़िया हुआ । तू और तेरा परिवार अब खुश है और ऐसे हालातों में एकसाथ है । इससे जरूरी और क्या है ?

< सही कहता है भाई । सब एकसाथ और खुश है । इससे अच्छा और क्या है ?

6

एक होना

दो साल पहले २०१८ (2018)

< ज़िंदगी का सच क्या है ? आखिर ये सच को खोजना कहाँ है ? ज़िंदगी क्या है ?

> तुम्हारे मन की अवस्था ही तुम्हारा सच है । खुद को जानना ही सच है ।

> मैं कुछ समझा नहीं । मन की अवस्था ?

< मन की बहुत सारी अवस्थाएं होती हैं । जैसे इच्छा, दर्द, जुनून, जिम्मेदारी, भय, प्रेम, जागरूकता और सत्य । हर इंसान की अलग-अलग अवस्था भी हो सकती है और एक जैसी भी ।

> मतलब ?

< जैसे बच्चे हैं । उनकी मनोस्तिथि कुछ इच्छा से ज्यादा नहीं होती । वो हमेशा खिलौने इकट्ठे करने की इच्छा रखते हैं ।

एक पिता है । वो हमेशा भय और जिम्मेदारी की मनो-स्तिथि में रहता है । वो हमेशा अपने परिवार की सुरक्षा के बारे में सोचता रहता है ।

एक आशिक की मनो-स्तिथि दर्द और जुनून की होती है । वो हमेशा कुछ पाने या खोने की वजह से खुश या दुखी रहता है ।

ऐसे ही बाकी सब मनो-स्तिथि होती है । हमारे हालातों और निर्णय की वजह से बदलती और पैदा होती रहती हैं ।

इसीलिए ज़िंदगी हर किसी के लिए अलग है । ज़िंदगी का सच अलग है । उसकी परिभाषा अलग है । किसी को ये खेल लगती है तो किसी को संघर्ष भरी, त्याग भरी लगती है । किसी को बहुत खूबसूरत लगती है तो किसी को बहुत घटिया लगती है ।

इसीलिए खुद को जानना बहुत जरूरी है । तभी सच तक पहुंचा जा सकता है ।

< लेकिन, खुद को मैं कैसे जानू ? मैं कौन हूँ ?

> अपनी आँखें बंद करो । सोचो । चिंतन करो । ध्यान करो । तुम्हें अपनी मन की अवस्था भी दिखेगी । क्या दिख रहा है तुम्हें ?

< कुछ देर कोशिश करने के बाद >

< मुझे दिख रहा ! मैं एक आशिक हूँ ! एक शिष्य हूँ ! एक माध्यम हूँ ? इसका क्या मतलब ?

> मतलब यह की हम सब एक माध्यम हैं । जिसके जरिए प्रकृति और पुरुष कर्म का पहिया चलाते हैं । जीवन की गाड़ी इसी पहिये पर चलती है । बस लोग इसे देख नहीं पाते हैं । कोई भी इसे उसकी इच्छा के बिना देख नहीं पाता ।

< मतलब मैंने अब तक जो भी किया वो सब प्रकृति और पुरुष कर रहे थे ?

> हाँ । बिल्कुल ।

< मुझे विश्वास नहीं हो रहा । प्रकृति और पुरुष सब कर रहे हैं !

> विश्वास करना ही उस तक पहुँचने का पहला कदम है । ये जो तुम महसूस कर रहे हो । इसी पल में । यही अवस्था संवाद है । एकता है । इसी पे विश्वास करो । इसको समर्पित करो । यही तुम्हें शाश्वत तक ले कर जाएगी । जहां परम-आनंद होगा । जहां राम होगा ।

दो साल बाद २०२० (2020)

< माँ, तीन महीने से ज्यादा हो गए हैं । और सिर्फ समाज के लोग ही दान कर रहे हैं । मुझे तो कोई सरकारी व्यवस्था दिखाई नहीं देती । गरीबों को मुफ़्त दाल-अनाज मिलता है और बैंक खातों में कुछ रुपए । और दूसरे वर्ग के लोगों के लिए तो कुछ भी नहीं । व्यापारी, शिक्षक और रक्षक इन सब का क्या ? मुझे तो लगता है सरकार अपने समाज के उधमी वर्ग को खुद ही खत्म कर देगी । जब व्यापारी और युवा ही कमजोर हो जाएंगे तो समाज टूट जाएगा । नैतिकता भी कुछ नहीं कर पाएगी ।

सब कुछ तो बंद पड़ा है । युवा को नौकरी चले जाने की चिंता है तो व्यापारी को माल खराब हो जाने की चिंता है । उसकी जमा पूंजी भी खत्म हो रही है । उसका निवेश भी नुकसान में जा रहा होगा । और सब तो बड़े-बड़े व्यापारी नहीं है । जो साल भर घर बैठ कर खा सकते हैं । हमारे जैसे तो एक महीने भी खाली बैठ कर नहीं बिता सकते । और हमारे जैसे बहुत होंगे, माँ ।

हमारे देश का दुर्भाग्य है की यहाँ व्यवस्था के नाम पर सिर्फ बातें हैं ।

बाजार सुबह-सुबह खुलता है । लोग सड़कों पर भीड़ लगा लेते हैं । तो क्या ये सिर्फ लोगों और व्यापारी की गलती है ?

सरकार कह रही है भीड़ मत लगाओ । पर भीड़ तो लगेगी । क्यूंकी आप की कोई व्यवस्था ही नहीं है । और इसका सबूत तो मजदूरों का पैदल अपने घर लोटने से मिल जाता है ।

अब क्या हालातों ने ऐसा किया माँ या व्यवस्था की कमी ने ? आप ही बताओ माँ ।

> बेटे, हालात बदलते हमें कुछ सिखाने के लिए हैं । कुछ लोग सीखते हैं और कुछ लोग निराश हो जाते हैं । कुछ लोग शिकायतें करते हैं । कुछ लोग समाधान खोजते हैं । जैसे तुम शिकायतें कर रहे हो । क्या तुमने कोई समाधान ढूंढा ?

< पर माँ ! मैंने तो दुकान का समाधान ढूंढा है । इन हालातों में भी मैं पूरी कोशिश कर रहा हूँ ग्राहकों को लाने की । अपने सभी दोस्तों को मैंने बोल दिया है । बहुतों को तो पता भी नहीं था की हमारी राशन की दुकान है । उन्होंने मुझे मैसेज कर कर कहा भी की वो राशन ले जाएंगे ।

> तो वैसे ही सरकार और संस्था और स्वयं-सेवक अपना-अपना काम कर रहे हैं । समाधान ढूंढ रहे हैं । इसीलिए तुम भी सिर्फ समाधान पर ध्यान दो । निंदा पर नहीं ।

< ठीक है, माँ ।

< ॥ ॥

< ॥ ॥

< बतरा यार, जब मैं नौकरी करता था तो सब कुछ अपनी मर्जी से चलता था । जब दिल करे सो जाओ, उठ जाओ, खा लो, पढ़ लो, मूवी देख लो, घूम लो, सैर कर लो, काम कर लो ।

पर घर का महोल बिल्कुल अलग होता है । इनके सवाल-जवाब ही खत्म नहीं होते । ये क्यूँ कर रहे हो ? वो क्यू किया ? हमेशा सोते रहते हो । दुकान पे क्यूँ नहीं जाते ? तुम जल्दी थक जाते हो । हमेशा पड़ते क्यूँ रहते हो ? हर समय फोन पे क्या देखते रहते हो ? इतना मत देखा करो । बताते क्यूँ नहीं रात को क्या खाना है ? तुम अच्छे से बात क्यूँ

नहीं करते । चिड़े हुए क्यूँ रहते हो हर वक्त ?

भाई ! गरम ! दिमाग गरम हो जाता है ।

भाई, हर समय टोका-टाकी करते हैं । बहस करना तो घर वालों की आदत है । जितनी देर अपनी बात मनवा नहीं लेते उतनी देर बात छोड़ते नहीं हैं । बहुत गुस्सा आता है यार ।

दुकान पे पिता जी और घर पर मेरी चाची । दिमाग खराब कर दिया है ।

> हाहा !

< यार बड़ा मुश्किल है जीवन अपनी मर्जी से खुशी से जीना ।

< वो तो है ।

> हालातों से इंसान लड़ भी ले । पर ये घर वालों को बदलना बहुत मुश्किल है । समझा तुम सकते नहीं । बहसते हो तो बुरे बन जाते हो । आस-पास वालों को तो वैसे ही दूसरों के घर झाकने का मजह आता है ।

चाची तो बात-बात पर दखल देती हैं । और फिर मेरी बहस हो जाती है । मैं गुस्से में बेकाबू हो जाता हूँ । फिर बुरा-ब्ला बोल देता हूँ । और फिर सोच कर दुखी होता हूँ ।

< घर वालों को समझाना बहुत मुश्किल है । उल्टा तुम बेवकूफ बन जाओगे । ये बदलने वाले नहीं है । तू भी बहस मत किया कर ।

> हाँ यार । सही कहते हो । करना तो नहीं चाहता पर फिर एकदम गुस्सा आ जाता है । मैं खुद इस गुस्से से परेशान हो गया हूँ । पर यार घर वालों को भी तो सोचना चाहिए की हमें इतना पढ़ाया है तो हमारी

बात का सम्मान तो करो । कोई भी बात बोलो सीधा कह देते हैं, "तुम अभी छोटे हो । तुमने अभी दुनिया नहीं देखी ।"

< हाहाहा ! ये सही कहा तुमने । एकदम ऐसे ही बोलते हैं ।

किन्तु यार, हमारी जीवनशैली अलग है । हम एक नए युग में बड़े हुए हैं । हमारी जवानी एक बदलते युग में गुजर रही है । ये परिवर्तन इतना तेज है की उनके लिए इसे समझना इतना आसान नहीं है । हमें उन्हे थोड़ा समय देना होगा । धैर्य रखना होगा हमें । हमें बस ये समझना होगा की हमारी और उनकी जीवनशैली का फर्क है जो हमारे विचारों में मतभेद बड़ा रहा है ।

हमारी जीवनशैली में आजादी है । तुम जो सोचते हो, स्वप्न देखते हो, वो करते हो या उसे करने का प्रयास करते हो । हमारे उम्र के लड़के ओर लड़कियों के पास गाड़ी है । बैंक में इतना पैसा है की वो कुछ भी खरीद सकते हैं । उनको सही-गलत से कोई फर्क नहीं पड़ता । वो वही करते हैं जो उन्हे सही लगता है । फिर वो मर्यादा में हो या मर्यादा के बाहर । नैतिकता सिर्फ किताबों में और दूसरों की अवलोचना में दिखती है । खुद दूर-दूर तक नैतिकता, रिश्तेदारी, मर्यादा, कुछ भी नहीं है । खोखले हैं हम सब । बस बातों के शेर हैं ।

परंतु, उनकी जीवनशैली ऐसी नहीं थी । उनकी जीवनशैली में आजादी नहीं थी । मर्यादा का पालन था । पैसा भी घरों के बड़ों के पास ही होता था । उन्ही से सब खर्च के लिए लेते थे । पहले से ही हर कार्य निर्धारित होते थे । कौन सा काम करना है । कब शादी करनी है । कितना पढ़ना है । जो बड़ों ने कहा वही होता था । फिर चाहे शादी हो या कोई काम । उनकी जीवनशैली में बड़ों का सम्मान था । बड़ों का आदर था । एक डर था । सादगी थी । खाने में भी, विचारों में भी, कपड़ों में भी । साधन भी सीमित थे ।

इसीलिए वो भी हमसे वही अपेक्षा करते हैं जो उनके बड़ों ने उनसे की थी । इसमें गलत क्या है ? बस हमें थोड़ा धैर्य रखना होगा ।

< हम्म ! सही कहता है तू । ये दो जीवनशैलीयों का टकराव है । अच्छा ये बता की तेरी शादी कैसी चल रहे है ?

> बहुत अच्छी भाई । मैं बहुत खुश हूँ । किस्मत वाला हूँ । तेरी भाभी मुझसे बहुत प्यार करती है ।

< क्या बात । ये तो बड़ी हैरानी वाली बात है की तुझसे भी कोई इतना प्यार कर सकता है । हाहाहा ॥

> हाहाहा ।

< भाभी ने ऐसा क्या देख लिया तुझमें ! भाभी को पता है की तू नहाता नहीं था कॉलेज में ?

> हाहाहाह... चुप ! यार हर रोज नहाता था ।

< हाहाहाह ! अच्छा वो, की तेरे दांत पीले थे और तुमने डेन्टिस्ट से टूथ-स्टिक लिया था उसे सफेद करने के लिए । हाहाहा !

> हाँ यार । हाहाहाह ! वो दांत किसी भी पेस्ट से सफेद नहीं हो रहे थे । हाहाहा ।

< कमाल के दिन थे वो भी । अच्छा अपनी सहेली के बारे में बताया भाभी को, जिसके जाने के बाद तू दो महीने रोता ही रहा था ?

> हाँ, बता दिया सब ।

< सच में । कुछ कहा नहीं भाभी ने ?

> नहीं ।

< क्या बात है यार ।

> अच्छा, ये बता, की तू शादी कब कर रहा है ?

< बतरा, पता नहीं यार । कोशिश तो की थी मैंने लड़की से बात करने की पर उसने तो मुझे डरा ही दिया । मैंने उसे कहा की मुझे तुम अच्छी लगती हो । मैं एक लेक्चरर हूँ और दुकानदार हूँ । तुम्हें खुश रखूँगा । पर उसने तो बुरा ही मान लिया । मुझे कहने लगी, "मैंने आपसे ये उम्मीद नहीं की थी ।"

यार हद होती है ! ये कौन सी उम्मीद है जो लड़कियां हमसे करती हैं ? जिसको लड़की को भी पूछो वो लड़की यही जवाब देती है ।

> फिर हुआ क्या ?

< होना क्या था ! मैंने उसे गुस्से में बोला । तुम्हारा मतलब क्या है ? तुम इतनी अनजान क्यूँ बन रही हो ? मुझमें कोई दोष है क्या ?

> फिर ?

< फिर, उसे बुरा लग गया । और वो कहने लगी, "मुझे आज के बाद मैसेज मत करना" और ब्लॉक कर दिया मेरा नबर ।

> हाहाहाहा । तू नहीं कर पाएगा । तेरे बस का नहीं है । तुझे कॉलेज में भी मैंने ही पटा कर दी थी लड़की ।

< हाँ यार । बहुत मुश्किल है यार किसी लड़की के दिल को जीतना । थोड़ी भी गलती हुई नहीं की गए काम से ।

< तो ऑनलाइन कोशिश कर लेनी था ।

> की थी वहाँ भी कोशिश पर कोई फायदा नहीं हुआ । उनकी तो शर्तें ही खत्म नहीं होती । किसी को गाड़ी चाहिए । किसी को व्यापारी से शादी नहीं करनी । कोई थोड़ा सा भी अजस्ट नहीं करना चाहती । क्या बोलते हैं उसको ? काम्प्रमाइज़ !

< कोई ना । कोशिश करता रह ।

> भाई नहीं करनी कोशिश अब । जब होना होगा अपने आप ही हो जाएगा ।

< चल ठीक है । बाद में बात करते हैं ।

< ॥ ॥

< ॥ ॥

< माँ, एक बात बताओ । खुशी से जीवन कैसे जिया जाए ? हर समय कोई न कोई चिंता लगी रहती है । ये करना है । वो भी करना है । ये कैसे होगा ? ये चाहिए । वो चाहिए । हर समय कोई न कोई विचार चलता ही रहता है ।

> बेटे, सबसे पहले तो तुम्हें अपने गुस्से पर काबू करना सीखना होगा । बात-बात पर तुम्हें गुस्सा आ जाता है । कभी तुम अपनी चाची से लड़ते हो तो कभी अपने पिता से । बेटे, ये अच्छी बात नहीं है । बड़ों को ऐसे गुस्से से बोलना अच्छा नहीं है । कभी सोचा है उनको कितना दुख लगता होगा जब तुम उनसे गुस्से में बात करते होगे ?

< माँ, पर मैं क्या करूँ ? कभी-कभी मुझे उनकी बातों पे बहुत गुस्सा आता है । मैं कोशिश भी करता हूँ चुप रहने की । पर नियंत्रित नहीं कर पाता ।

> बेटे, जब भी तुम्हें गुस्सा आता है तो वहाँ से चले जाया करो । और दूसरी बात, जो तुम्हें चिंता रहती है उसका एक ही उपाए है ।

< वो क्या, माँ ?

< नाम जपा करो । उस परमात्मा का । उसमें बहुत ताकत है । उसकी ताकत को समझना मुमकिन नहीं है । तुम्हारे पास तो भगवद गीता है ना ?

> हाँ माँ ।

< तो उसे पढ़ते क्यूँ नहीं ? पहले तो तुम रोज पढ़ते थे ।

> माँ, चिंता की वजह से वो भी छूट गई । पर अब मैं दुबारा शुरू करूंगा ।

< चिंता की वजह से नहीं छूटी वो । उसके छूटने की वजह से तुम्हारी चिंता बड़ गई है । चिंता का एक उसके सिवा कोई उपाए नहीं है इस संसार में । इसलिए उसको आज ही पढ़ना शुरू करो । और जितना हो सके उसका पालन करो । और रोज जाप करो ।

> माँ, एक और बात ।

< हाँ पूछो बेटे ।

> माँ, मैंने वो पढ़ी थी । पर मैं उसे भूल जाता हूँ । वो याद ही नहीं होती ।

< बेटे, क्यूंकी तुम उसे याद करने की कोशिश कर रहे हो । उसे याद मत करो । उसको समझो । और उसके लिए तुम्हारा समर्पण जरूरी है ।

> ठीक है माँ । मैं इस बार उसको याद नहीं करूंगा । पर समर्पण कैसे करूँ माँ ?

< धैर्य से । समय लो । जल्दी मत करो ।

> ठीक है माँ । मैं ध्यान रखूँगा ।

< एक हफ्ते बाद >

< माँ, धन्यवाद ।

> किस लिए बेटा ?

< माँ, मैंने भगवद गीता पढ़ी थी, जैसे आप ने कहा था । और नाम भी जपना शुरू कर दिया था । सच कहता हूँ माँ, इतना सुकून है अब की शब्दों में बता भी नहीं सकता । आप सही कहते थे । मैंने वो सब छोड़ दिया था इसलिए मैं परेशान हो गया था । सच कहती थीं आप, "उसमे कुछ ताकत है जिसे समझना नामुमकिन है ।" माँ, अभी बहुत सुकून है ।

< बेटे, काम की चिंता तो सब को होती है । और होनी भी चाहिए । लेकिन चिंता को खुद पर हावी मत होने दो । और इसीलिए हमें ईश्वर की जरूरत है । बस उसपे विश्वास रखो और जो वो कहता है उसको मानो और पालन करते रहो । किन्तु समस्या तो यही है की हमें विश्वास करना नहीं आता । इसी विश्वास की कमी से हम भयभीत रहते हैं । और चिंता करते रहते हैं । भविष्य में क्या होगा उसकी चिंता हमारा पीछा ही नहीं छोड़ती ।

> हाँ माँ । सही कहते हो आप । मैं भी इसी चिंता में फस गया था । और मैं इसी चिंता की वजह से ये समझ बैठा था की ऐसा सिर्फ मेरे साथ ही होता है । लेकिन मैं कितना गलत सोचता था ।

< बेटे, लोगों की चिंता का सबसे बड़ा कारण तो यही है की जो उनके पास है वो उससे बिल्कुल खुश नहीं हैं । जो उनके पास नहीं है वही उन्हे चाहिए । और वो उसके लिए ही मेहनत और कोशिश करते हैं । खुश रहने के लिए नहीं ।

अगर वो अपने हालातों में खुश रहें । जो उनके पास है उसको स्वीकार करें और भगवान का शुक्र करे । तो जीवन खुशी से बीत जाता है । यही रहस्य है ।

> माँ, वैसे ही जैसे अलग-अलग प्रकार के पेड़ हैं और उनके अलग-अलग फल हैं । वो एक दूसरे की नकल नहीं करते । जो उनके पास है वो उसे दूसरों में बाँट देते हैं । कोई ये नहीं कहता की मेरा फल ज्यादा मीठा है या ज्यादा लोग इसे पसंद करते हैं । वो जो भी चुनौतियाँ आती है उनका सामना करते हैं । इसीलिए वो दुनिया को फल भी देते हैं ।

< हाँ बिल्कुल । बेटे, भगवान ने हम सबको कुछ ना कुछ गुण दिए हैं । हर किसी को अलग-अलग वर्ग में जन्म दिया है । किसी के हालात कठोर दिखते हैं तो किसी के आरामदायक । और हर किसी के अपने-अपने कर्तव्य हैं । फिर वो चाहे अमीर हो या गरीब । काम तो सभी को करना ही होगा । और फिर चिंता भी होगी । मुश्किलें भी होंगी । चुनौतियाँ भी होंगी ।

> माँ, मुझे तो लगता है गरीब से ज्यादा तो अमीर दुखी है । ऐसा क्यूँ माँ ? उनके तो हालात भी अच्छे होते हैं ।

< बेटे, हालात तो उनके अच्छे होते हैं जो अपनी ज़िंदगी को जैसी है वैसे ही स्वीकार करते हैं । चाहे वो कोई भी हो । अमीर हो या फिर गरीब । अगर गरीब ये सोचेगा की भगवान ने उसके साथ अन्याय किया है तो वो और दुखी होता चला जाएगा । वो चिंता में गहरा फसता जाएगा ।

> और फिर हो सकता है वो आत्महत्या भी कर ले ?

< हाँ बिल्कुल । ऐसा ही होता है । इसीलिए अपने हालातों को स्वीकार करो । यही खुश रहने का तरीका है । और भगवान का नाम जपते जाओ और मेहनत और ईमानदारी से जीवन जियो ।

> हाँ माँ । ये तो मैंने भी महसूस किया है । मैंने भी जब ये देखना शुरू किया की मेरे पास सब कुछ है मुझे कुछ नहीं चाहिए । मेरी चिंताऐं फजूल हैं । उसी पल सब बदल गया माँ । मुझे तो बस मेहनत और कोशिश करते रहना है । बाकी सब जो होगा स्वीकार करना है । मुझमें जो विश्वास की कमी थी वो अब दूर हो गई है ।

< मैं खुश हूँ की तेरी चिंताऐं कम हो गई हैं ।

> धन्यवाद माँ । मुझे याद करवाने के लिए जो मैं भूल गया था ।

< उसकी कोई जरूरत नहीं है मेरे बेटे ।

7

द्वेष समाप्त होना

दो साल पहले २०१८ (2018)

< मैं इन स्मृति के पात्रों से प्यार करने लग गया हूँ । मुझे पता ही नहीं लगा की कब मैं इतना समर्पित हो गया । मैं इनकी तरह बातें करने की कोशिश करता हूँ । वो अलग-अलग परिस्तिथि में क्या सोचते होंगे ? क्या करते होंगे ? वैसे ही सोचने और करने की कोशिश करता हूँ । मेरे व्यवहार में भी बदलाव आ गया है ।

ये बड़ा अजीब लगता होगा तुम्हें सुनने में पर मैं करता हूँ । जब भी कोई उनकी प्रशंसा करता है तो मैं भी प्रसन्न हो जाता हूँ । मैं अब उनकी ही बातें करने लग गया हूँ । मेरे पास और कोई बात ही नहीं होती ।

ये मुझे क्या हो रहा है ? मुझे ऐसा लगता है जैसे मैं उनके परिवार का हिसा हूँ । इसीलिए वो मुझे अपने परिवार की कहानी बता रहे हैं ।

क्या तुम मुझे अपने रंग में रंगने की कोशिश कर रहे हो ? क्या तुम जो चाहते हो वही मुझसे करवा रहे हो ?

> तुम एकदम सही महसूस कर रहे हो । मुझे खुशी है तुम वो सब महसूस कर रहे हो जो मैं महसूस करता हूँ ।

< मतलब ? इसका क्या मतलब है की तुम भी महसूस करते हो ?

> मतलब ये की मैं और तुम अब एक हो रहे हैं । तुम एक अच्छे शिष्य की तरह अपने पाठ समझ रहे हो और उनका अच्छे से पालन कर रहे हो । इसी वजह से जो तुम्हारी चेतना है वो प्रभावित हो रही है । वो फल-फूल

रही है ।

< चेतना क्या होती है ? वो कैसे काम करती है ?

> चेतना प्रकृति का अंग है । जैसे हवा, मिट्टी, आकाश, जल, अग्नि है । वैसे ही । उसके स्पर्श से ही ये जागृत होती है । फिर धीरे-धीरे ये तुमसे वो सब करवाती है जो तुम्हें "रहस्यमई सिड़ी" में ऊपर लेकर जाती है ।

जब तुमने पहली बार अपनी गलती महसूस की थी । उसके लिए दूसरे को दोष नहीं दिया बल्कि खुद को दोषी महसूस किया था । वो कुछ और नहीं बल्कि तुम्हारी चेतना ही थी । जिसने तुम्हें ये महसूस करवाया था ।

जिस रहस्यमई सिड़ी को तुमने अंदर खोजा वो कोई और नहीं चेतना ही है ।

> परंतु, "उसका स्पर्श" ? ये किसके स्पर्श की बात कर रहे हो तुम ? मुझे तो लगा था कि की तुम करते हो ये सब । तुम्हारे सिवा भी कोई है ? और वो तुम तक कैसे पहुंचा ? मैंने तो उसे बुलाया नहीं ।

< तुम सच में बहुत भोले हो । हाहाहा ।

> तुम हंस क्यूँ रहे हो ?

< तुम बहुत भोले हो । सच में ।

हम उसको नहीं बुलाते । वो हमें चुनता है ।

> पर कैसे ?

< तुम भूल रहे हो । जाने-अनजाने में तुमने ही उसको बुलाया था ।

> अभी तो तुम कह रहे थे मैं नहीं बुला सकता उसको ।

< धीरज रखो । सब बताता हूँ ।

याद करो ! जब तुम अपने आसपास लोगों की पीड़ा देख कर दुखी हो जाते थे । तुम जब उनकी मन ही मन मदद करना चाहते थे और तुमने की भी जब-जब तुम कर सकते थे । फिर इसी दर्द में तुमने उसे बुलाया भी था । याद करो ।

> हाँ, मुझे याद है । मैंने उसे बुलाया था । पर बहुत से लोग उसको बुलाते हैं । क्या वो उनके पास भी जाता है ?

< हाँ बिल्कुल । पर सिर्फ उनके पास जो नि-स्वार्थ होते हैं । जो सच में लोगों का दर्द नहीं देख पाते । प्रकृति की दूरदशा नहीं देख पाते । अन्याय

नहीं देख पाते । आसपास जीवों का दर्द नहीं सह पाते । वो उनके पास जाता है । क्यूंकी वो सब सुन सकता है । महसूस कर सकता है ।

जैसे रेडियो की तरंगे एक-दूसरे को ढूंढ कर आपस में जुड़ जाती हैं । एक हो जाती हैं । फिर उनमें एक ही संगीत बजता है । वैसे ही हमारी भावनाएं, शुद्ध भावनाएं, नि-स्वार्थ भावनाएं, भी एक हो जाती हैं । और वही करती हैं, सुनती हैं, बोलती हैं, देखती हैं, खाती हैं, पीती हैं, जो वो चाहता है ।

इसीलिए मैंने पहले कहा की वो हमें चुनता है ।

याद रहे की ये पुरुष और प्रकृति का खेल है ।

दो साल बाद २०२० (2020)

< बतरा, तू मानेगा नहीं । पर ये हैरान करने वाली बात है । जब से मैंने भगवद गीता पढ़ना शुरू किया है, तब से मन में बहुत शांति है । पहले बहुत चिंता रहती थी । और अब बहुत सुकून है । तू भी इसको पढ़ बतरा ।

> ना यार, मैं नहीं पढ़ सकता । मेरे से पढ़ा नहीं जाता । मैं रोज गुरुद्वारे चला जाता हूँ । किसी जरुरतमन्द की मदद कर देता हूँ पर मैं ये ग्रंथ नहीं पढ़ सकता ।

< यार, कोशिश तो कर । इनमे एक अजीब सी ताकत है । पढ़ने से एकदम सुकून मिलता है । जैसे कोई ऊर्जा निकल रही हो इनमें से । आध्यात्मिक ऊर्जा ।

> यार, मैं आध्यात्मिक नहीं बन सकता । बस मेरे से जो थोड़ा-बहुत संभव होता है मैं वो कर देता हूँ ।

< हाँ मैं समझ सकता हूँ । आध्यात्मिकता भगवान की मर्जी से ही मिलती है । पता नहीं मुझे क्यूँ इसके काबिल समझा उसने ।

तुझे तो पता ही है मैं कॉलेज में कैसा था । तू तो मुझे सनकी समझता था । बाकी लड़के और लड़कियां भी शायद मुझे गुंडा ही समझते थे । चीफ इन्स्ट्रक्टर तो मुझे पकड़ने का कोई मोका ही ढूँढता रहता था । लाइब्रेरीअन तो ऐसे देखती थी मुझे जैसे मैंने उसको गालियां दीं हों ।

> भाई, तू लगता भी था सनकी । तू मान या ना मान, तू एकदम चुप रहता था । और फिर एकदम से घूर कर देखता था । फिर लेकटुरेस में भी टीचर को कुछ भी बोल देता था । मैं क्या सब तुझसे डरने लग गए थे ।

< हाँ यार । मैं चुप रहता था । पर मैं सनकी नहीं हूँ ।

> हाहाहा । भाई, तू है । तुझे जब गुस्सा आता था तो तुझे पता नहीं लगता था की तू क्या कर रहा है । एक बार तो तू गुस्से में सीधा टीचर के मुंह के ऊपर चड़ कर उन्हे गुस्से में बोलने लग गया था । याद है कुछ ?

< हाँ याद है । और फिर उसने मुझे फ़ेल भी कर दिया था । और फिर मुझे उनसे माफी माँगनी पड़ी थी । तब जाकर उन्होंने मुझे माफ किया था और पास भी ।

अभी भी ये समस्या है । यार, गुस्सा है की जाता ही नहीं है । पर कभी सोचा नहीं था की ज़िंदगी एक दिन ऐसे बदल जाएगी । इतनी पढ़ाई की । दस से बारह बार फेल हुआ परीक्षा में । फिर कहीं जाकर सरकारी प्रमाण पत्र मिला । फिर नौकरी की और एक दिन वो भी छोड़ दी । और अब दुकान कर रहा हूँ ।

> यार, मैंने भी तो यही किया है । पढ़ाई की और फिर कॉलेज की तरफ से नौकरी मिल गई । तीन महीने के बाद मैं वो छोड़ कर घर आ गया ।

< हाहाहा । तूने तो बस तीन महीने में ही हार मान ली थी । भाई, जो भी हो तूने सही किया था । ये नौकरी वाले बहुत ही बेकार लोग होते हैं । एक दूसरे की टांग ही खीचते रहते हैं । मैंने भी तभी दिल्ली वाली नौकरी छोड़ दी थी । बड़े बेकार लोग थे वहाँ पर । सारा मजह ही खराब कर दिया नौकरी का उन्होंने । पर तूने सही किया । सही टाइम पर आकर तूने अपना व्यापार संभाल लिया । मेरे जैसे तो नहीं किया ना । मैंने तो घर वालों को बहुत परेशान कर दिया ।

> भाई वो काम बहुत बेकार था । तो मैंने छोड़ दिया । पर तू ऐसे मत सोच । तेरा भी अब सब ठीक हो जाएगा । ज़िंदगी का भी अजीब ही

खेल है । कुछ भी कभी हो जाता है । और कभी-कभी तो ऐसा भी जिसकी कभी कल्पना ही ना की हो ।

< हाँ यार । पर अब मुझे कुछ-कुछ समझ आने लग गई है ये ज़िंदगी ।

> क्या समझ आया तुझे ?

< यही ! की ये ज़िंदगी एक खेल जैसे है । कुछ चुनौतियाँ हैं । कुछ डर है । कुछ मजह है । कभी हार है । कभी जीत है । कभी निराशा है । कभी खुशी है । हर वक्त बस कुछ चलता ही रहता है । कुछ रुकता नहीं है ।

मुझे ऐसा भी लगता है की हमारी ज़िंदगी में सब कुछ पहले से ही निर्धारित होता है । यहाँ तक की हमारे निर्णय भी । हमारे तय किये हुए रास्ते भी । पर फिर भी हमें पूरी आजादी है । हम कोई भी फैसला अपनी ज़िंदगी के लिए ले सकते हैं । कोई भी रास्ता चुन सकते हैं ।

> फिर कैसे आजादी जब सब कुछ पहले से ही निर्धारित है ?

< यार, हम सब कोई भी रास्ता चुन सकते हैं । जैसे तूने चुना । व्यापार करने का । इसमें तुझसे किसी ने कोई जबरदस्ती नहीं की ।

> तेरा कहना का मतलब है की ज़िंदगी हम से जबदस्ती भी करती है और हमें उसका पता भी नहीं लगता ?

< कुछ ऐसा ही समझ ले । क्यूंकी ज़िंदगी हमारे मन से खेलती है ।

> पर यार हमारे निर्णय पूरी तरह हमारे कहाँ होते हैं । माता-पिता के भी तो होते हैं । उनकी भी तो सहमति होती है । जैसे शादी के लिए ।

< तो इसमे समस्या क्या है ? उनकी सहमति होना अच्छी बात ही तो है । हाँ कभी-कभी बहुत गुस्सा आ जात है । पर जो है वो है ।

> पर यार कभी-कभी तो वो बिल्कुल भी तैयार नहीं होते ।

< देख बतरा । निर्णय जो भी होगा उसका परिणाम भविष्य में ही पता लगता है । फिर चाहे वो माता-पिता की सहमति से हो या उनके बिना । क्यूंकी जैसे मैंने कहा, "सब कुछ पहले से ही निर्धारित होता है ।" और फिर उसको पूरा करने के लिए विकल्प बनते है । निर्णय बनते हैं ।

> फिर निर्णय लेना हमारी मजबूरी बन जाता है और कभी-कभी वही निर्णय हमारी मर्जी भी ।

< बिल्कुल सही । ऐसा ही कुछ ।

< ।। ।।

< ।। ।।

< नीरजांष, नीरजांष ।

> क्या हुआ माँ ? ऐसे गभराए हुए क्यूँ हो ?

< तेरी चाची की तबीयत ठीक नहीं है । सुबह से उसे सांस लेने में मुश्किल आ रही है । कल तक तो सब ठीक था । आज सुबह अचानक ही उसे ये मुश्किल हो रही है ।

> हाँ माँ । रात को तो वो बिल्कुल ठीक थीं ।

< चलो जल्दी चलो । और दो दिन पहले उसे बुखार था । मैंने उसे बोला भी था आराम कर ले पर उसने सुना ही नहीं । और आज ये मुसीबत आ गई है । अचानक सुबह उठते ही जोर-जोर से सांस भरने लगी ।

> चाची कभी किसी की बात सुनती कहाँ है ? वो तो अंतर्यामी हैं । कहां है चाची ?

< अपने कमरे में ही है ।

> चाची, उठो । गभराओ मत । अंकुर कहाँ है ।

< वो नहाने गया होगा ।

> उसको भी बुलाओ और पिता जी को भी बुला लो ।

> अंकुर, तू आज छुट्टी ले ले । डॉक्टर के पास जाना होगा अभी ।

< मैं बड़े-पापा को कहता हूँ गाड़ी का इंतेजाम करवाने के लिए ।

> चाची जी आप उठने की कोशिश करो । अगर आप उठोगी नहीं तो डॉक्टर के पास कैसे जाएंगी । हिम्मत करो । उठो ।

< मैं नहीं उठ पा रही हूँ ।

> कोशिश करो ।

< हाँ मैं कर रही हूँ ।

> हाँ जी ... चलो... चलो... एकदम बढ़िया । अब आराम-आराम से सिड़ी उतरो। बैठ कर उतरो अगर ऐसे नहीं उतर सकते तो ।

< गाड़ी आ गई है बेटे ।

> अंकुर तू स्कूटर निकाल ले । चाची से चला नहीं जा रहा । स्कूटर पर बैठा कर ले जाना होगा ।

> ठीक है ।

< आधे घंटे बाद >

< अंकुर, पहुँच गए डॉक्टर के पास ?

> हाँ । बस अभी पहुंचे हैं । डॉक्टर आने वाले हैं अभी ।

< ठीक है । दस मिनट में करता हूँ फोन ।

< दस मिनट बाद >

< हाँ भाई । आ गया डॉक्टर ?

> हाँ । अभी आया है । मैं बाद में करता हूँ फोन ।

< ठीक है ।

< दस मिनट बाद >

< क्या कहा डॉक्टर ने ?

> उसने दवाई दे दी है । पर बताया कुछ भी नहीं ।

< अच्छा । एक काम कर । यहाँ कैम्प लगा है पास में ही । महामारी का चेकअप भी करवा ले साथ में ।

> ठीक है ।

< उसी दिन शाम को >

< अंकुर, चाची को तो अभी भी आराम नहीं आ रहा है ।

> मैं मनीष भैया को फोन करके पूछता हूँ ।

< हाँ । ये सही रहेगा ।

> भैया बोल रहे हैं अभी अमृतसर ऐड्मिट करवाओ ।

< क्या ?

> उन्होंने दो दिन पहला ही दवाई दी थी बुखार की और कहा था की चेक-अप करवा लो । पर ममी ने मना कर दिया ।

< देख ले । हमने उनकी बात नहीं मानी । अब समय भी कम है । जल्दी अमृतसर चलते हैं ।

> मैं बड़े-पापा को बोल देता हूँ गाड़ी के लिए ।

< अंकुर, गाड़ी आई ?

> हाँ । पाँच मिनट में आ रही है ।

< चल फिर चाची जी को ले कर चलते नीचे । तू स्कॉटर भी निकाल ले ।

> हाँ ।

> बेटे, तुम भी अंकुर के साथ जाओ ।

< ठीक है माँ ।

< दो घंटे बाद >

< पिता जी, हम पहुँच गए हैं अमृतसर । चाची और अंकुर अंदर हैं ।

> क्या बोल रहे हैं अस्पताल वाले ?

< कह रहे हैं पहले चेक करेंगे । अगर महामारी निकली तो नहीं भर्ती करेंगे ।

> ओह ! अच्छा ।

< देखते हैं अब क्या होता है ?

> देख कर तो लग ही रहा था की महामारी है सुद्धा को । अब देखते हैं ।

< हाँ । मुझे भी लग रहा था । कैम्प वालों ने भी यही कहा था । मैं पूछता हूँ अंकुर से अंदर जाकर ।

> भाई ! क्या कह रहे हैं ?

< अभी अंदर टेस्ट कर रहे हैं । देखते हैं कितना टाइम लगाते हैं ।

> अंदर तो ऐ. सी की वजह से बहुत ठंड लग रही है । मैं बाहर जा रहा हूँ ।

< ठीक है ।

< पाँच मिनट बाद >

< क्या हुआ अंकुर ?

> मैं जीजा जी को फोन कर लेता हूँ । वो कह रहे थे मुझे बता देना ।

< ठीक है ।

क्या बात हुई ?

> बता दिया है उनको । वो कह रहे हैं की मेरा दोस्त भी डॉक्टर है । वो उससे बात करके बताएंगे ।

< ये तो अच्छी बात है ।

> हाँ बस अब कमरा मिल जाए । मैं अंदर पुछ कर आता हूँ ।

< हाँ ठीक है ।

< दस मिनट बाद >

< क्या हुआ अंकुर ?

< अस्पताल वालों ने भर्ती करने से मना कर दिया । कहा इनको महामारी है ।

> कमाल है ! तो महामारी वाले कहाँ जाएं ?

< कह रहे है की हमारे दूसरे मरीजों को खतरा हो सकता है ।

> ये सही है ! चल जीजा जी को फोन करके बोल दे ।

< हाँ वही करने लगा हूँ ।

जीजा जी, अस्पताल वालों ने मना कर दिया । अब कहाँ जाएं ।

> उन्होंने इस अस्पताल में जाने को कहा है । जल्दी चलो ।

< वहाँ मिल तो जाएगा कमरा ?

> हाँ कहा तो है उन्होंने ।

< चल चिंता मत कर । सब ठीक होगा । चाची जी आप ठीक हो ?

> हाँ ।

< एक घंटे बाद >

< पिता जी, आखिर कमरा मिल गया ।

> शुक्र है । अंकुर वहीं रुक रहा है ?

< हाँ जी । वो यहीं रुकेगा । मैं वापिस आ रहा हूँ । हमने थोड़ा-बहुत
खाना खा लिया है ।

> ठीक है । अस्पताल वालों ने क्या बोला ?

< उन्होंने आई. सी. यू. में भर्ती कर दिया है सीधा । कह रहे हैं अभी
हालत बहुत गंभीर है । कुछ कह नहीं सकते ।

> सब ठीक हो जाएगा । चिंता मत करो । अंकुर से बात करवाओ मेरी ।

< वो अंदर है । बाहर आता है तो बात करवाता हूँ ।

> चल भाई । मैं जा रहा हूँ वापिस। मेरी जरूरत हो तो मुझे फोन कर
देना । मैं आ जाऊंगा ।

< हाँ ठीक है ।

< ॥ ॥

< ॥ ॥

< पिता जी, हमसे महामारी की वजह से कोई बात ही नहीं कर रहा ।
उल्टा दूर भाग रहे हैं । घूर कर भी देख रहे हैं । विश्वास नहीं होता ये
वही लोग हैं जिनके साथ हम इतने सालों से रह रहे हैं ।

लोग भी कितने मतलबी होते हैं । कभी-कभी तो शर्म आती है अपने
समाज पे । कैसे समाज में रह रहा हूँ मैं । मदद करने की बजाए हमसे
दूर भाग रहे हैं । वो भी तब जब हमें इनकी जरूरत है ।

> बेटे, ये महामारी है । और ये जानलेवा भी है । सबके परिवार हैं । तो
उनको पहले उनकी चिंता तो होगी ही । वो भी तो अपने परिवार को
सही सलामत देखना चाहते हैं ।

< पिता जी, लेकिन ये समाज का रविया अच्छा नहीं है । हमें तो
स्मृतियों में ये नहीं सिखाया गया की मुश्किल में दूसरों से दूर भाग
जाओ । उसमें तो दूसरों की मदद करना सिखाया जाता है । चाहे कैसे
भी हालात हो । हकीकत में तो उसका कोई भी पालन नहीं करता ।

> बेटे, सब एक से नहीं है । इसलिए सबको एक जैसी नजर से मत
देखो । बहुत सारे लोग हैं जो दूसरों की सेवा भी करते हैं या कह लो कर
रहे होंगे । तुम उनकी तरह बनो । हकीकत चाहे तुम्हें जो भी दिखे पर
वो पूरा सच नहीं है ।

< ‖ ‖

< ‖ ‖

< अंकुर, मैं अजाऊँ वहाँ । थोड़े दिन तू घर आकर आराम कर ले ।

> नहीं उसकी जरूरत नहीं है । इन्होंने मुझे एक खाली बेड पड़ा था
उसमे सोने को बोल दिया है । साथ ही अपने शर्मा भाई भी मिल गया है

यहाँ पर । उसकी ममी भी अस्पताल में भर्ती हैं ।

< चल ये तो अच्छा हो गया तुम दोनों के लिए । उसकी ममी ठीक हैं ?

> हाँ, वो ठीक हैं ।

< || ||

< || ||

< आज अठारह दिन बाद तुम्हारी चाची घर आ रही है, बेटे । इसीलिए
अब पहले से भी ज्यादा साफ-सफाई का ध्यान रखना होगा ।

> माँ, उसमें तो आप माहिर हो । पूरा दिन तो आप सफाई ही करते
रहते हो । हाहाहा ।

< हाहाहा ।

< || ||

< || ||

< अंकुर, बहुत मुश्किल दिन थे भाई । पर अब सब ठीक है । और चाची
रोने की क्या बात है । अब आप घर आ गई हो । अब एकदम ठीक हो
जाओगे आप ।

> हाँ नीरजांष । पर भाई मेरा मोबाईल खो गया वहाँ पर ।

< क्या ? वो कैसे ? इतना महंगा फोन था तेरा तो ।

> हाँ वो तो था । मैं सो गया था । शायद तबी मेरी जेब से फोन जमीन पर गिर गया होगा और किसी ने उठा लिया होगा ।

< ओह ! पहले ही बहुत खर्च हो गया है । और अब ये ।

> कोई ना । जीजा जी ने भी पैसे दे दिए थे । और थोड़े चाचा ने भेज दिए थे । बिल तो बहुत बड़ा बना दिया था ।

< हाँ भाई । जितना अठारह दिन में उन्होंने पैसे ले लिए उतने तो पैसे दो-तीन साल में इकट्ठे होते हैं । अस्पताल वालों का भी खर्च कुछ सालों बाद हमारे लिए दे पाना मुश्किल हो जाएगा ।

चाची अभी भी कमजोर लग रही हैं ?

> हाँ । डॉक्टर ने कहा की अब वो ठीक हैं । उन्हे घर लेकर जा सकते हो ।

< चलो घर पर जल्दी फर्क पड़ जाएगा ।

< चाची अब रोना छोड़ो । और अगली बार अपने बुखार को हल्के में मत लेना ।

< ॥ ॥

< ॥ ॥

< माँ, इस साल भी व्यापार अच्छा रहा है । सर्दियों में लगभग पिछली सर्दियों जैसी ही बिक्री हुई है ।

> शुक्र है भगवान का ।

< हाँ माँ । शुक्र है भगवान का ।

> खूब मेहनत करो बेटे ।

< हाँ माँ । माँ, लेकिन इस साल बहुत लोगों का नुकसान भी हुआ होगा ना ? महामारी की वजह से कई लोगों की जान चली गई । कई लोगों की नौकरी भी चली गई होगी । मजदूरों का तो बुरा ही हाल था । मैं जब भी गरीब, रीक्शा वाले, मजदूरी करने वालों के बारे में सोचता हूँ तो मैं बहुत दुखी हो जाता हूँ । माँ, मैं इनके लिए कुछ कर भी तो नहीं पा रहा हूँ । कुछ भी तो नहीं ।

माँ, इस दिवाली की बात है । रात को जब मैं घर लौट रहा था तो मैंने एक कचालू बेचने वाले को देखा । उसका चेहरा देख कर मेरा मन उदास हो गया । वो परेशान लग रहा था । ऐसा लग रहा था की उसका माल नहीं बिका । शायद उसके पास पैसे नहीं थे घर मिठाई लेकर जाने के लिए । माँ मैं उसको देख कर दुखी हो गया । आसपास सब खुश दिख रहे थे जैसे दिवाली में उनको राम जी ने तोहफा दे दिया हो । पर जब उसको देखा तो मैं दुखी हो गया । मेरी आँखें गीली हो गईं । वो अकेला खड़ा ग्राहकों की राह देख रहा था ।

माँ, उन सबकी ज़िंदगी इतनी कठोर क्यूँ है ? वो तो इतनी मेहनत करते हैं फिर भी उनके हालात क्यूँ नहीं बदलते ? पूरा दिन गली-गली फिरते हैं फिर भी उन्ही को सबसे कम में संतुष्ट होना पड़ता है । तीस साल हो गए माँ मुझे ये देखते हुए पर उनकी हालात पहले से और बुरे लग रहे हैं । कोई बदलाव ही नहीं है । क्यूँ माँ ? क्यूँ ?

> संतुलन बेटा ।

< संतुलन ? इसका क्या मतलब हुआ माँ ?

> ये संसार संतुलन से चलता है बेटे । कितने अमीर है या गरीब है, इससे नहीं । अगर संतुलन नहीं होगा तो सब नष्ट हो जाएगा । सब वही बनना चाहेंगे जो वो बनना चाहते हैं । वो सब अपने-अपने मन की करेंगे । वो दूसरों की तरह बनना चाहेंगे ।

< माँ, लेकिन वो तो अब भी हो रहा है ।

> नहीं बेटे । ऐसा नहीं है । जो भी है संतुलित है । बदलाव हो रहा है क्यूंकी वो भी संतुलन का हिस्सा है ।

< माँ, लेकिन ये संतुलन कर कौन रहा है ।

> बेटे, ये संतुलन प्रकृति में ही है । प्रकृति ही सब कुछ नियंत्रित करती है ।

< वो कैसे माँ ?

> बेटे, प्रकृति में तीन गुण होते हैं । रजस, तमस, सत्व । यही तीन गुण सबको नियंत्रित करते हैं । ये तीन गुण हम सब में भी होते हैं ।

< इसका मतलब ये की हम भी नियंत्रित हो रहे हैं ?

> हाँ बेटा । हम भी प्रकृति का हिस्सा हैं । इसी वजह से हम सब की प्रवृति भी रजस, तमस, सत्व होती है । प्रकृति के ये तीन गुण हम सब में अलग-अलग मात्रा में होते हैं । जिसके कारण मनुष्य अलग-अलग प्रवृति का हो जाता है । कोई ईमानदार तो कोई बेईमान ।

< इसका क्या मतलब ?

> इसका मतलब प्रकृति के ये तीन गुण रजस, तमस और सत्व पूरे संसार में संतुलन बनाते हैं । जिसका माध्यम हम बनते हैं ।

< लेकिन माँ, जो लोग दूसरों को मारते हैं वो भी ?

> हाँ बेटे । वो भी प्रकृति के ही संतुलन का हिस्सा हैं ।

< माँ, पर किसी को मारना तो गलत है ना ?

> बेटे, सही-गलत तो हमारे लिए है । जो एक तमाशे से ज्यादा कुछ भी नहीं है । इससे ऊपर उठो । आज हर कोई सही और गलत की दृष्टि से हर कार्य को देखता है । फिर उसे अपनी धारणा बना लेता है ।

लेकिन प्रकृति सही और गलत से ऊपर है । वो एक बड़े उदेश्य के साथ चलती है । वो करूर है तो दयालु भी है ।

< वो कैसे माँ ?

> तुमने गरीब का दुख देखा पर उसका सुख नहीं देखा । अमीर का सुख देखा पर उसका दुख नहीं देखा । उन दोनों में एक अजीब सा संतुलन है । एक के पास समय और शांति है । और एक के पास बिल्कुल समय नहीं और शायद शांति भी नहीं है ।

और ये प्रकृति ही तो है जो हमें भोजन देती है । जल, वायु सब प्रकृति ही तो है । इस तरह वो अपनी दयालुता हम तक पहुंचाती है ।

< आप सही कहती हो माँ । मन हल्का हो गया मेरा ।

> चलो जाओ अब । मुझे खाना भी बनाना है ।

8

दर्शन शास्त्र

तीन साल पहले २०१८ (2018)

< मुझे एक स्कूल ने कल ही बुलाया है । मैंने उनको फोन किया था । और उन्होंने मुझे कहा की आप कल आ जाओ ।

> मैंने कहा था तुम्हें । कोशिश करते रहो । कोई ना कोई तुम्हारी प्रतीक्षा कर रहा होगा । देखो तुम सफल हुए हो । कोई तो है जो तुम्हें ढूंढ रहा था ।

< तुम सही थे । मैं बहुत खुश हूँ । मैं पहली बार कुछ करने जा रहा हूँ । खुद का । इतने समय में कितना कुछ बदल गया । मैंने सोचा भी नहीं था की मेरी ज़िंदगी इस तरह बदल जाएगी । मैं नौकरी करना चाहता था । सफल होना चाहता था । अपने माता-पिता को खुशी देना चाहता था । और फिर शादी भी ।

पर अब एक नया सफर शुरू हो रहा है । पहले जिसके बारे में मैं खुद नहीं जानता था । और अब जब मैं इसे करने जा रहा हूँ तो मैं चाहता हूँ की मैं इसे बहुत आगे तक ले कर जाऊँ । ये मेरी पहचान बने । लोग मुझे एक शिक्षक के रूप में जाने । मुझे इससे बहुत सुकून मिल रहा है । कोई डर भी नहीं लग रहा । जैसे मैं कितने वर्षों से कर रहा हूँ । जैसे मैं ये काम पहले से ही जानता हूँ ।

अब जब मैं ध्यान में बैठता हूँ तो शांति भरा अंधकार दिखाई देता है । कोई विचार नहीं । कोई शरीर भी नहीं । कुछ भी नहीं । एक बिन्दु पे

जाकर मन टिक जाता है । ऐसा एहसास होता है जैसे मैं ना शरीर हूँ, ना कोई आत्मा और ना ही कोई विचार ।

जैसे मैं अंधकार हूँ । हमेशा से अंधकार ही था । और सब भी अंधकार ही हैं । और सब इसी अंधकार से प्रकट हुए हैं । जैसे ही आँखें खोलता हूँ तो महसूस करता हूँ ये मेरे आस-पास जो भी है ये सब प्रकट हुआ है ! इसी अंधकार से । फिर इस अंधकार को विचार भर देते हैं । और अंधकार लुप्त हो जाता है । ये विचार ही हैं जो भ्रम हैं । इन्ही विचारों की वजह से हम सब हमेशा भ्रमित रहते हैं । कभी सच तक नहीं पहुँच पाते । क्यूंकी ये विचार हमेशा दूसरों के विचारों से या दूसरों से प्रभावित होते हैं । और हम फिर वही भ्रम में फस जाते हैं जिसमे दूसरे फसे हुए हैं ।

> यही अंधकार है वो । यही अंधकार सब तरफ फैला हुआ है । इसी अंधकार में तुम्हें विलीन रखना है खुद को । ये तुम्हें भटकने नहीं देगा । जब भी तुम भटको तो इसके पास आना । ये तुम्हें स्तिरथा देगा । यही है वो जो हर जगह है । ये अंधकार ही संसार है जिसपे तुम्हारे विचारों ने, इच्छाओं ने, महत्व-कांक्षाओं ने, कामुकता ने, पर्दा डाला हुआ है ।

जैसे-जैसे तुम इनके पार देखने लगते हो तुम्हें अंधकार दिखने लगता है । गुरु के उपदेश, गुरु के नाम का जाप, ही तुम्हें वो दृष्टि देता है । वो शक्ति प्रधान करता है जिससे तुम्हारे आँखों पर जो इच्छाओं का, कामुकता का, कामनाओं का, पर्दा है वो गिर जाता है । तुम्हारे विचार सरल हो जाते हैं । तुम्हें सब स्पष्ट दिखाई देने लगता है ।

> मुझे एक बात और पूछनी है ।

< पूछो ।

> उसका स्वरूप क्या है ? मैं हमेशा से ये समझता था की वो कोई पुरुष होगा । पर मुझे तो ऐसा कोई स्वरूप नहीं दिखा । ना ही कोई देवी दिखाई दी । राम, शिव,नानक, बुड्ढा ये सब कौन है ? क्या ये उसका स्वरूप हैं ?

< तुम बुद्धिमान हो । मैं तुमसे प्रभावित हूँ । सीधा जवाब अगर बताऊँ तो उसके स्वरूप को सीमित नहीं कर सकते । वो ज्ञान है । वो प्रेम है । वो द्वेष है । वो चिंता है । वो मदद है । वो जरूरत है । वो कामना है ।

राम, नानक, बुड्ढा ये सब महापुरुष, मार्गदर्शक हैं इंसानियत के । ये उसका स्वरूप भी हैं । गुरु भी हैं । जो समय-समय पर मार्गदर्शक करने आते हैं । इनकी कीर्ति, इनकी कहानियाँ, इनके द्वारा दिया ज्ञान-श्रुति, स्मृति, हमेशा दुनिया का मार्गदर्शक करती रहेंगी ।

जो भी तुम देख रहे हो वो सब उसका स्वरूप है । ध्यान से देखोगे तो तुम्हें वो सब में दिखेगा । या यूं कह दो की सब उसमें है ।

< हाँ ! मैंने भी ये महसूस किया है । जब भी मेरे साथ ऐसा हुआ है मेरी आँखों से आँसू बह जाते हैं । सर अपने आप सम्मान में झुक जाता है । दिल जोर से धड़कने लगता है । अंदर कोई रोने लगता है । जैसे उसे कह रहा हो मुझे साथ में ले जाओ । रोम-रोम में एक लहर सी दौड़ती है । मैं खुद को बहुत सोभाग्यशाली समझता हूँ ।

मैंने हमेशा खुद को एक गुणवान व्यक्ति समझा । पता नहीं जैसे मैं क्या होता हूँ । आज मुझे खुद से घृणा होती है । मैं कितना घटिया हूँ । और उसके बावजूद भी उसने मुझ पे दया की । कैसे धन्यवाद करूँ मैं उसका ? मुझे नहीं पता ! मैं जो भी कर सकता हूँ उसके लिए करुंगा ।

तीन साल बाद २०२१ (2021)

< माँ, नए साल की बहुत-बहुत मुबारक हो । आशा करता हूँ ये सब हमारे लिए खुशियां ले कर आए ।

माँ, आज से तीन साल पहले मैंने एक नए सफर की शुरुआत की थी । आपको तो मैंने बताया भी नहीं था । अगर बताता तो आप बहुत घबरा जाते ।

> हाँ, मुझे याद है । तुमने हमसे पूछा था और हमने तुम्हें मना कर दिया था । तब मुझे लगता था की तुम बेवकूफी कर रहे हो । लेकिन, आज सोचती हूँ जो हुआ अच्छा हुआ ।

< हाँ माँ । आज हम सब एक साथ हैं । खुश हैं । स्वस्थ हैं । और क्या चाहिए ?

> कुछ भी नहीं । सब कुछ है ।

< माँ, आप को पता है मैंने जो भी किया वो एक अच्छी भावना से किया । मेरा किसी का भी दिल दुखाने की कोई मंछा नहीं थी ।

> हाँ । मैं जानती हूँ । मुझे तुमपे पूरा विश्वास है ।

< माँ, फिर भी मैंने आप सबका बहुत दिल दुखाया है । मुझे माफ कर दो । मैं आप दोनों की अपेक्षाओं को पूरा नहीं कर सका । मुझे माफ कर दो ।

> कोई बात नहीं बेटे । हमें इस बात का दुख है । पर अब हम समझ गए हैं । और माफी कैसी ? तुमने जो किया वो अच्छे के लिए किया । अपने परिवार से पहले दूसरों के बारे में सोचा । ये तो हमारा सोभाग्य है

की हमें इतना अच्छा लड़का दिया है ईश्वर ने । परंतु तुमने ये सब किया कैसे ?

< माँ, मत पूछो । बहुत लंबी कहानी है ।

> तो धीरे-धीरे सुना दो ।

< ठीक है माँ । शॉर्टकट में सुनाता हूँ ।

"जब मैं नौकरी करता था तो मेरे मन में एक इच्छा थी की मैं समाज के गरीबों के लिए कुछ करूँ । मुझे पता ही नहीं चला कब ये इच्छा मुझ पर हावी हो गई और मेरा जुनून बन गई । देखते ही देखते मैंने अपनी नई नौकरी छोड़ दी । फिर मैं जगह-जगह के स्कूल में जाकर बच्चों को पढ़ाने की दरखास्त करने लगा ।

मैं उनको इसलिए पढ़ाना चाहता था की वो जब बड़े हो कर नौकरी करे या कोई काम करे तो जिम्मेदारी से करें । ईमानदारी से करें । अपने काम का मूल्य समझे । जिससे हर किसी को उनसे पूरा फायदा मिल सके ।

इसीलिए मैंने नैतिक शिक्षा पढ़ाने का फैसला किया और उसपे एक किताब लिखी । जिसको मैं चालीस मिनट के लेक्चर में बताता था ।

बहुत सारे स्कूल घूमे । वहाँ दरखास्त दी । पर बहुतों ने मना कर दिया । एक ने मोका दिया । पर फिर गर्मी की छुट्टियाँ पड़ गईं । उधर मेरे पास पैसे खत्म हो गए । मैं भी कभी गुरुद्वारे में रात बीतता था या फिर रेल्वे और बस स्टेशन पर ।

फिर एक दिन बतरा का मुझे फोन आया । उसको मेरे काम के बारे में पता था । इसलिए उसने मुझे अपने घर बुला लिया । उसने मुझे घर,

रोटी, जेब खर्च, सब दिया । जैसे-तैसे करके वहाँ दो महीने बीत गए ।

फिर मैं स्कूल खुलने पर वापिस चला गया और फिर से स्कूल के चक्कर काटने लगा । बहुतों ने फिर मुझे मौका दिया । बाकी के दोस्तों ने भी मेरी बहुत मदद की जब मैंने उन्हे बताया तो । पहले वो भी आप की तरह घबरा गए थे । पर फिर ठीक हो गए । उन्होंने मेरे कमरे का किराया दिया ।

फिर मुझे कुछ स्कूल से फोन आने शुरू हो गए । उसके बाद मैंने चार से पाँच स्कूल में काउन्सेलिंग भी की । साथ-साथ में पैसों की समस्या को दूर करने के लिए ट्यूइशन पढ़ाना शुरू किया । कुछ लोगों से भी मिला एक संस्था का गठन करने के लिए ।

बड़े-बड़े उद्योग-पतियों को दरखास्त भी भेजी । अपने काम के लिए पैसे की जरूरत को ले कर । पर कोई मदद नहीं मिली । फिर एक दिन जब मेरे पास पैसे बिल्कुल खत्म हो गए, सब रास्ते बंद लगने लगे तो मैंने घर लौटने का फैसला किया और मैं घर लौट आया माँ ।"

> मुझे नहीं पता था मेरा बेटा इतना बहादुर है । मुझे माफ करदो मेरे बच्चे । मैंने तुम्हें गलत समझा ।

< नहीं माँ । गलती तो मेरी है । माफी भी मुझे माँगनी चाहिए । मैंने आप दोनों को बहुत दुख दिया है माँ । पिता जी ने हर संभव कोशिश की मुझे एक अच्छा भविष्य देने की । मैं एक अच्छी नौकरी करूँ । अच्छा जीवन जियूँ । किन्तु, मैंने सब खराब कर दिया । मेरी ही वजह से दुकान भी खराब हुई । पिता जी को मुझे बताना चाहिए था नौकरी छोड़ने के बारे में । तांकि वो दुकान पर से ध्यान ना हटाते । मेरे नौकरी की वजह से अपने काम को कम करने का उन्होंने फैसला कर लिया । जब मैंने उन्हे बताया तो बहुत देर हो गई थी माँ । सब मेरी गलती है ।

> नहीं बेटा । होता वही है जो तुम्हारी किस्मत में है । मैं बहुत खुश हूँ की तुम हमारे पास हो ।

< माँ, पर मेरा सपना अधूरा ही रह गया ।

> कैसा सपना बेटे ?

< माँ, आप दोनों का नाम रोशन करने का सपना । मैं वो नहीं कर पाया । आप दोनों ने तो मुझसे भी ज्यादा दुख झेले हैं । आप दोनों की तपस्या मुझसे बहुत बड़ी है माँ । मैंने बस दस साल ही कोशिश की है । लेकिन आप दोनों ने तो अपना पूरा जीवन ही लगा दिया हम भाई-बहन को अच्छा भविष्य और सफल बनाने के लिए ।

> बेटे, तुम दुखी मत हो । जो भी हुआ अच्छा ही हुआ ।

< ॥ ॥

< ॥ ॥

< हैलो ! हाँ जी । कौन बोल रहा है ?

> सत श्री अकाल सर । मैं पवन बोल रही हूँ । आपकी स्टूडेंट सर ।

< हाँ जी पवन, सत श्री अकाल । बोलो, क्या बात है ?

> सर, आप कॉलेज कब आओगे ?

< पवन, मैंने नौकरी छोड़ दी है । अब मैं तुम सब को नहीं पढ़ा पाऊँगा ।

> क्यूँ सर ?

< वो मैं तुम सबको नहीं बता सकता पवन ।

> पर सर, अब हमें फिलासफी कौन पढ़ाएगा ?

< पवन, ये तो तुम्हें अपने प्रिन्सपल से पूछना होगा ।

> पर सर, आप क्यूँ नहीं पढ़ा सकते ?

< पवन मैंने बताया तो आपको । पर अगर कभी आप सबको कुछ
समझना हो तो सब एक साथ मेरे घर आ जाना ।

> ठीक है सर । लेकिन, फिर भी, आप से अच्छा समझ लग जाता था ।

< ॥ ॥

< ॥ ॥

< अरे पवन सर आप यहाँ कैसे ?

> सर बस यहाँ से निकल रहा था तो सोचा आपके दर्शन कर जाऊँ ।

< अरे सर ! क्यूँ शर्मिंदा कर रहे हैं । और कैसा चल रहा है कॉलेज ?

> कैसा चले गा सर ! आपको तो पता ही है । आधा महामारी ने खत्म
कर दिया और आधा कॉलेज की कमेटी ने ।

< हाँ वो तो मुझे पता है । घटिया लोग हैं । अच्छी नियत होती तो
कॉलेज चला लेते । किसी को भी कॉलेज की चिंता नहीं है । ना ही
बच्चों की । ना ही अपने टेयचर्स की ।

> बताओ सिर ! निधि मैडम, जो की अपने डिपार्ट्मन्ट की हेड थीं । जिनके पास छह साल का तजुर्बा था । उनको बाहर निकल दिया । बिना किसी नोटिस के । ये तो अन्याय है । बतमीजी है ।

< सर आपको उसका कारण पता है ?

> नहीं तो ।

< कमेटी में मेरे पिता भी थे । उन्होंने पिता जी को बाहर निकालने के लिए मेरी बहन को कॉलेज से निकाल दिया ।

> क्या ? किन्तु निधि मैडम को निकालने की जरूरत क्या थी ? कमेटी को कोई प्रॉब्लेम थी तो उनसे बात करते ।

< उन में हिम्मत नहीं है । साथ में मेरे पिता जी की कौन सी कोई गलती थी। उनको तो खुद निधि मैडम से खबर मिली की उनका कान्ट्रैक्ट रि-न्यू नहीं किया । उनके घर टर्मिनैशन लेटर भेजा था । वो भी दो महीने बाद । कान्ट्रैक्ट खत्म होने के दो महीने बाद । जब बच्चों के पेपर करवा दिए निधि मैडम ने तब ।

> क्या ? दो महीने बाद ? कान्ट्रैक्ट दो महीने पहले ही खत्म हो चुका था ? इसका मतलब बच्चों के पेपर करवाने थे उनसे ? और जब वो हो गए तो उनको निकाल दिया ?

< हाँ जी सर । और वो भी कान्ट्रैक्ट रे-न्यू होने के दो महीने बाद । जो भी होना था दो महीने पहले होना चाहिए था । उन्होंने यूनिवर्सिटी को झूठ ही बोल दिया की इनकी परफॉर्मेंस अच्छी नहीं है । जबकि सच तो यह है की उन्होंने ही फैशन डिज़ाइनिंग का डिपार्ट्मन्ट कॉलेज में बनाया है । उसके पहले था ही नहीं । और स्टूडेंट्स के पेरेंट्स ने प्रिन्सपल से जब ये कहा की हमारे पैसे वापिस दो क्यूंकी हमें निधि

मैडम से ही पढ़ना है तो उन्होंने पेरेंट्स को कहा की निधि मैडम अपनी मर्जी से गई हैं । अब आप समझ सकते हैं की किस नियत के लोग हैं वहाँ ।

"निधि मैडम, जो मेरी बड़ी बहन भी हैं । उनकी शादी बीस साल पहले पास के ही शहर में हुई थी । उनके दो बच्चे हैं । जो अब कॉलेज में पढ़ते हैं । उनके पती जो की बहुत ही- बुद्धिमान, भक्त और जिम्मेदार इंसान हैं- का अपना व्यापार है ।"

> अपने घमंड में ये कमेटी के लोग भूल गए की उनका परिवार भी है । जिसकी जिम्मेदारी उठानी इस महामारी में कितनी मुश्किल हो गई है । और इस हालातों में उनको बाहर निकालना वो भी निजी कारण से, एकदम घटिया नियत का परिणाम है ।

< हाँ सर । महामारी में कितना मुश्किल है बच्चों की फीस देनी है । अब वो एक स्टॉल लगा कर बेच रहे हैं । घर की आमदान बनाने के लिए । मैंने भी इन सबसे परेशान होकर और गुस्सा होकर नौकरी छोड़ दी सर ।

> हाँ मुझे लग रहा था की कोई गड़बड़ हुई है जिसकी वजह से आपने भी छोड़ दिया है । कॉलेज को इसका नतीजा भुगतना तो पड़ेगा ।

< बिल्कुल । वैसे भी अब मुझे फर्क नहीं पड़ता । मैंने अब पढ़ाना छोड़ दिया है । अब मैं सिर्फ़ अपनी दुकान ही देखूँगा । अपने पिता को स्पोर्ट करूंगा । उनका साथ दूंगा । उनको बहुत बुरा लगा होगा जो भी उनके साथ हुआ । मुझे अब इस दुकान को आगे लेकर जाना है ।

मेरा बच्चों को पढ़ाने का सुपना अब यहीं खत्म हो जाएगा । मैं बच्चों को शायद अब कभी नहीं पढ़ा पाऊँगा । शायद कभी भी नहीं ।

< समाप्त >

< धन्यवाद >

www.ingramcontent.com/pod-product-compliance
Lightning Source LLC
Chambersburg PA
CBHW031735150726
47989CB00006B/2476